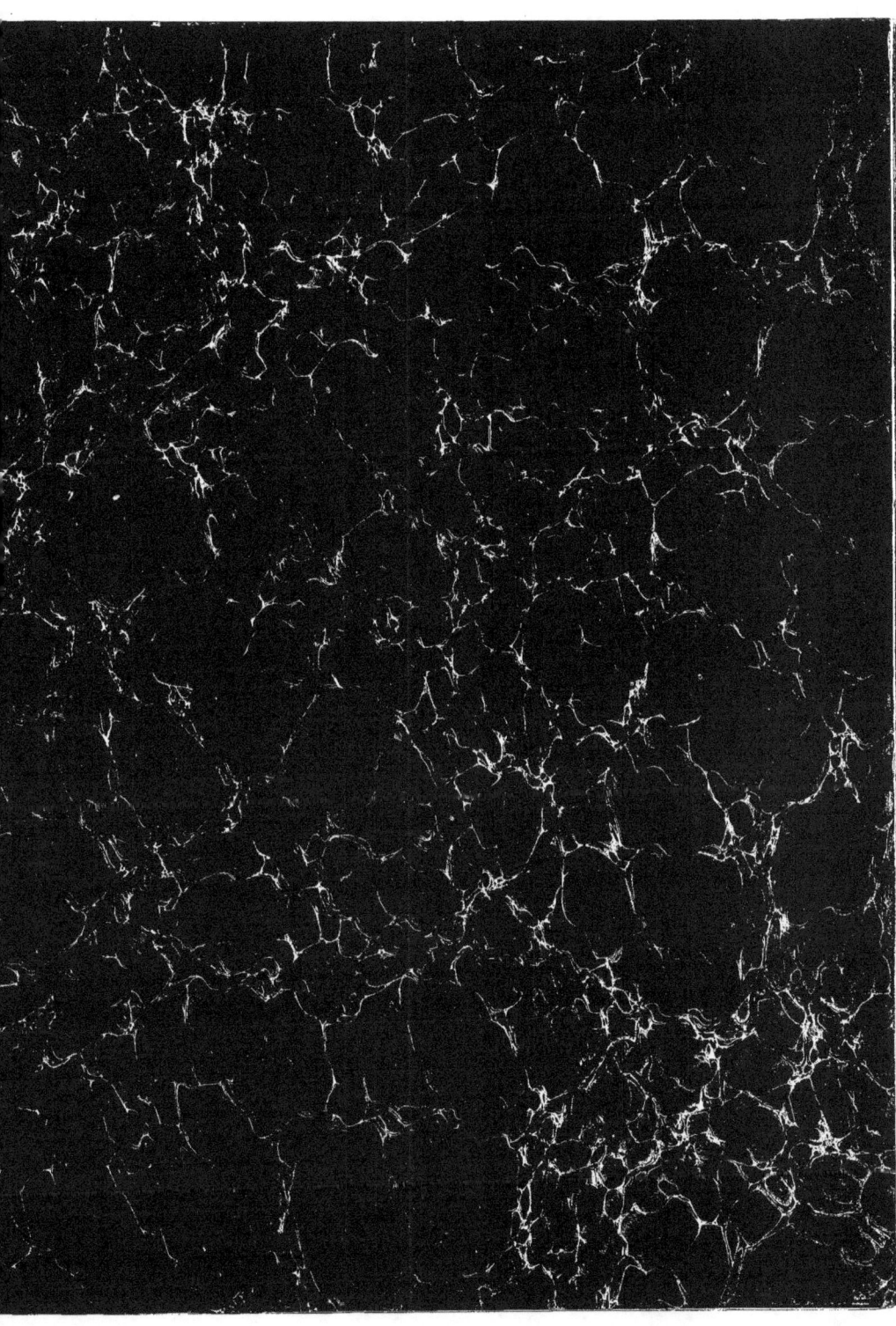

Ih 1
52

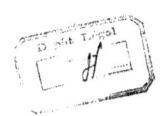

EN CAMPAGNE

JULES RICHARD

EN CAMPAGNE

(PREMIÈRE SÉRIE)

TABLEAUX ET DESSINS

DE

A. DE NEUVILLE

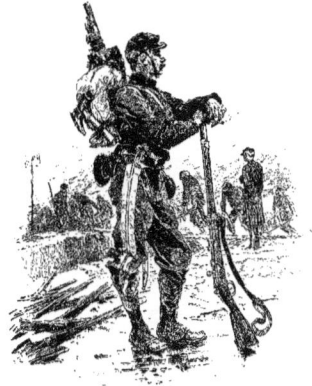

Paris

BOUSSOD, VALADON ET Cie
SUCCESSEURS DE GOUPIL ET Cie
9, *Rue Chaptal*

LUDOVIC BASCHET
LIBRAIRIE D'ART
125, *Boulevard Saint-Germain*

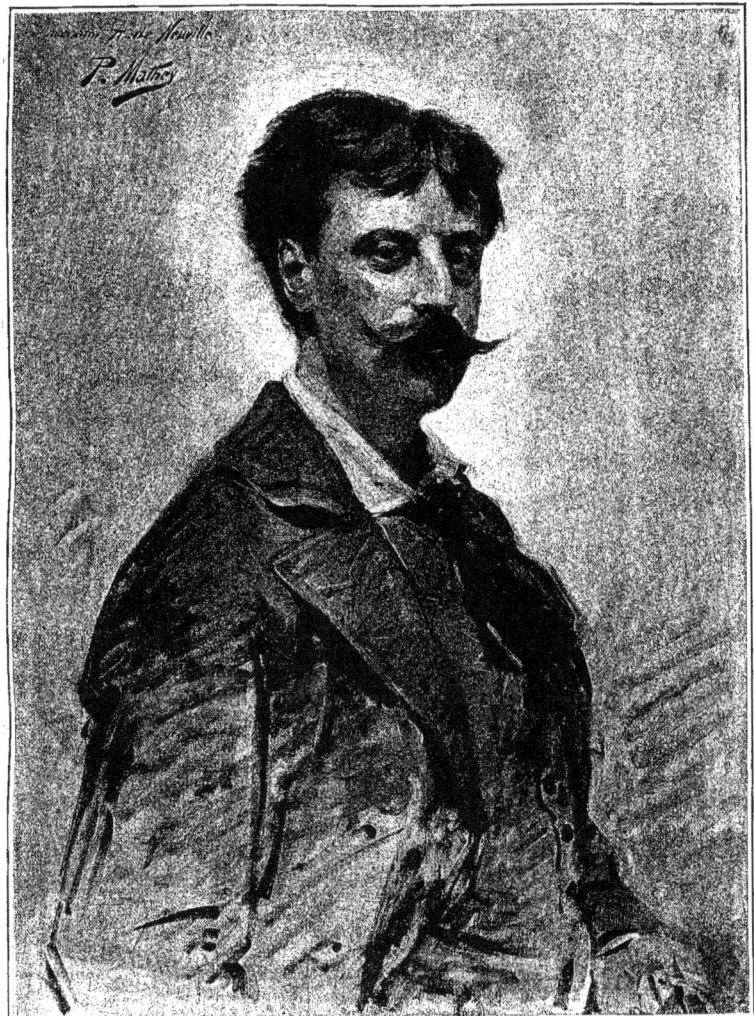

A. DE NEUVILLE.

DANS LA TRANCHÉE.

A. DE NEUVILLE

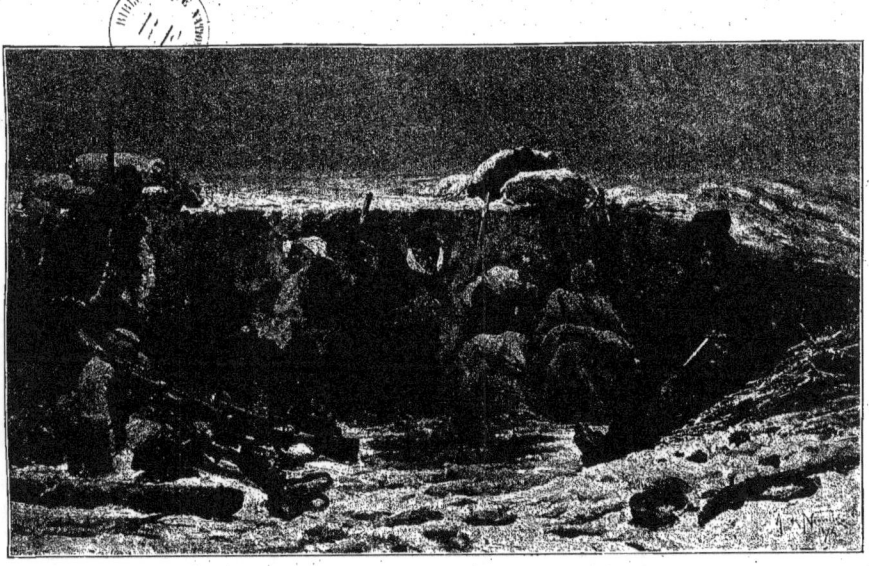

La guerre !... ce serait le titre qu'il conviendrait de placer en tête des œuvres d'Alphonse de Neuville. La guerre, avec ses enthousiasmes, ses enivrements, ses fureurs, ses éclaircies de joie et ses moments de lassitude, fut évidemment l'obsession continuelle de son imagination surexcitée par un patriotisme ardent et tourmentée par le besoin de laisser le meilleur de lui-même à la postérité qui allait s'ouvrir sitôt pour lui. De Neuville, c'est — dans l'art — le mouvement endiablé, la bataille où tournoient cavaliers, fantassins, artilleurs se ruant les uns sur les autres ; c'est la guerre.

Ils ont dû rudement travailler tout le jour de la baïonnette et de la crosse, ces moblots endormis les poings fermés sur la terre de la tranchée durcie par le froid. Les héros seuls, après un combat terrible, peuvent dormir ainsi dans la neige. Mais aussi quelle joie au réveil de se retrouver sur pied les quatre membres au complet ! Parce que vingt fois en une heure on a bravé mille morts, le feu, le froid, le plomb, le fer, on n'en est pas moins gai pour cela. Aussi, autour de la cantine, dès l'aube, on se retrouve heureux de vivre, insouciant et tout prêt à recommencer. Le clairon et le sapeur n'y arrivent point les derniers et régalent un chasseur à cheval qui, sans vergogne, boit partout où il y a des camarades et du vin.

Mais, c'est la cantine du 9ᵉ chasseurs à pied; en parlant à la cantinière, le clairon a sur la lèvre le refrain grivois qu'il sonne joyeusement en tête du bataillon :

Marie, j'ai vu......

On n'est point bégueule à la guerre, et, pourvu que l'air enlève bien la cadence, les paroles sont toujours bonnes.

Les chasseurs à pied! De Neuville les eut toujours en adoration; il en a mis partout. Leur mobilité proverbiale, les couleurs sombres de leur uniforme, la renommée qui s'attache à leur jeune noblesse militaire — existant depuis quarante-cinq ans, les trois lais de leur drapeau ne suffiraient pas à la liste de leurs exploits. — attiraient particulièrement le peintre patriote et guerrier. Après les avoir peints triomphants en Crimée, en Italie et au Mexique, il ne les a pas oubliés lorsque la victoire cessa de nous gâter.

En voici un qui serre sa guêtre afin d'être plus leste et de ne pas faire de faux pas; sa tête est baissée et je ne puis voir le numéro de son bataillon; mais certainement un chasseur qui prend de telles précautions, avant de se mettre en marche, doit appartenir au huitième, au bataillon de Sidi-Brahim :

Tu as beau courir,
Tu ne m'attraperas pas.

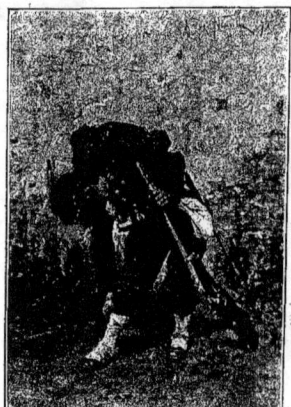

CHASSEUR A PIED.

Ces refrains des chasseurs à pied, pour comprendre tout ce qu'ils disent aux soldats, il faut les avoir entendus sonner, gutturaux et stridents, dans la nuit noire, appeler les piquets de soutien dans la tranchée attaquée, ou bien, joyeux et clairs dès l'aurore, comme le coq matinal, annoncer le départ pour l'étape prochaine :

Encore un carreau d'cassé,   *Encore un carreau d'cassé,*
V'là l'vitrier qui passe.   *V'là l'vitrier passé.*

En effet, c'est le joyeux sixième qui part. Il a passé « chez l'habitant » une nuit bienfaisante qui a réparé toutes les misères de la veille. On est en Alsace — la bonne et loyale Alsace, le pays des belles filles et des braves soldats où le cœur et le dévouement poussent en pleine terre. — L'hospitalité a été généreuse et douce. Partout on a mis le chaudron au feu et tiré de la cave ce fier petit vin blanc de Wolxheim qui brille dans le verre, réchauffe la poitrine et fait éclater le rire. D'ailleurs tous les vins de l'Alsace sont aussi nobles que le Johannisberg et ils avaient alors l'avantage d'être français. La bière a coulé à pleins flots : on a bu à toutes les santés, à toutes les espérances, à tous les lendemains. Entre les gens qui vont se battre et les gens pour lesquels on se bat, la connaissance est vite faite. D'ailleurs, dans la maison hospitalière, il y a une place et un gobelet vides; ceux du fils aîné qu'on s'attend tous les jours à voir arriver. Il est aux chasseurs d'Afrique et il a écrit qu'il venait avec son escadron. C'est donc un collègue — que dis-je! un collègue, — c'est un frère du fils chéri que l'on reçoit et que l'on fête. Insoucieux, on a chanté, on a ri. Après tout, si l'on va se battre, c'est contre les éternels ennemis de l'autre côté. Dans les grandes villes, on ne sait pas combien la guerre fut populaire dans tous les pays de frontière. La guerre, en effet, c'était la délivrance d'un voisinage odieux autant que gênant. Vivre sur la frontière, c'est être en crainte permanente; la guerre allait donner la victoire, la victoire la conquête, et la conquête reculait d'autant le danger de l'invasion. « Ce sera le dernier coup de collier à donner et, après cela, la paix, la paix éternelle

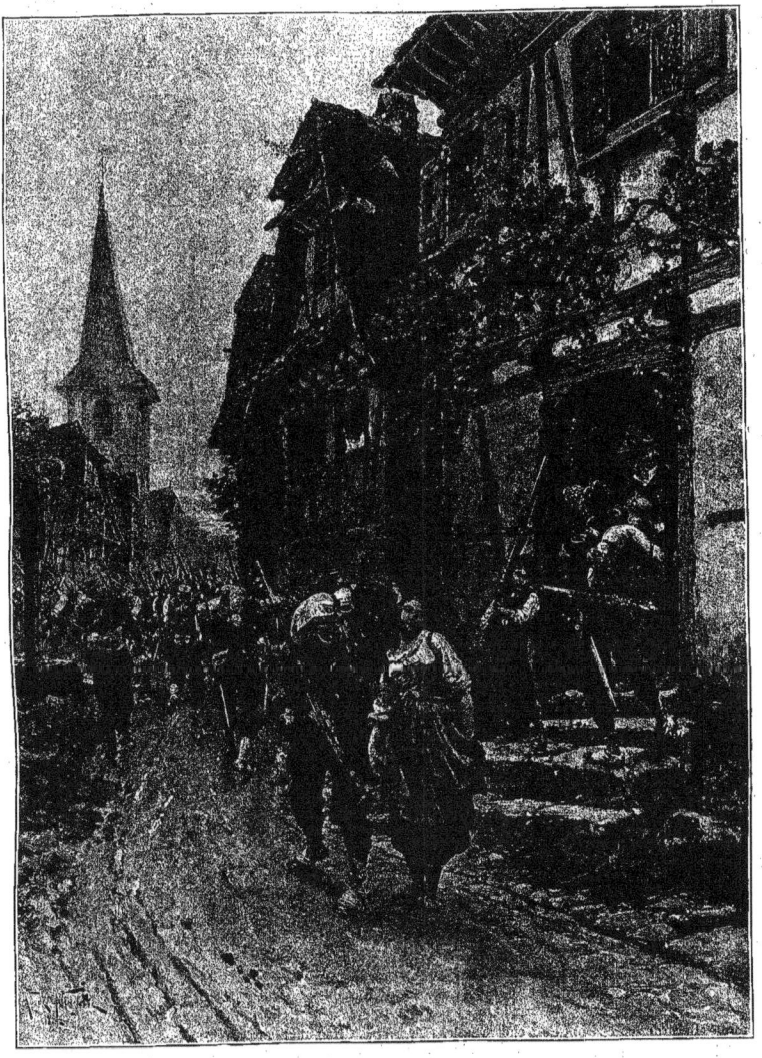

LE DÉPART DU BATAILLON.

et sacrée. » C'est ce que dit ce vieillard en versant un dernier coup au sous-officier qu'il a logé; c'est aussi ce que répond la jeune fille au chasseur qui la presse une dernière fois sur son cœur.

Mais quel est donc, quel est donc
Celui qu'on aime?
C'est le doux, c'est le douzième.

« Allons, crie l'officier qui commande l'arrière-garde, allons les autres, en marche! et ne traînons pas. »

Car le bataillon suit la longue rue du village; il est déjà devant l'église, où le pasteur le bénit :

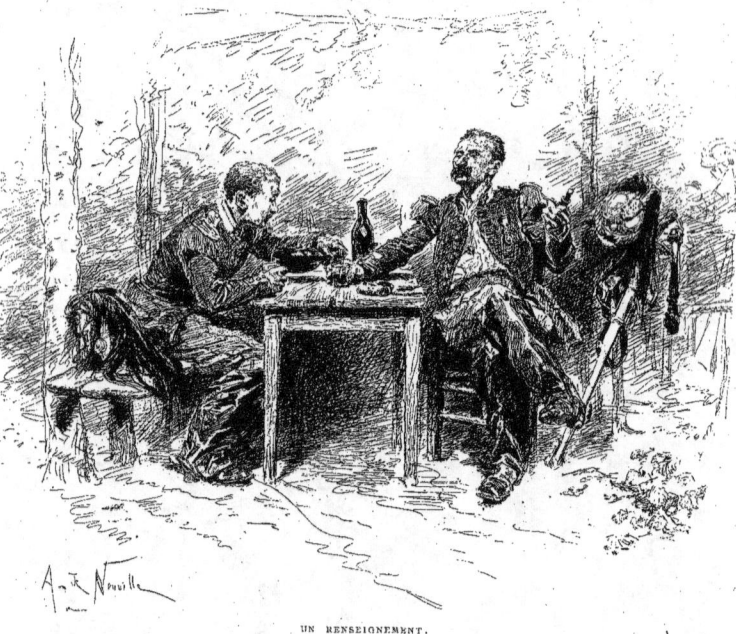

UN RENSEIGNEMENT.

« Que le Dieu de la victoire et de la patrie soit avec vous ! »

On ne le voit déjà presque plus à l'horizon, le bataillon; sa tête de colonne disparaît dans la poussière d'or du soleil levant. C'est à peine si au loin quelques-unes de ses baïonnettes brillent encore, mais l'écho apporte toujours quelques notes de la fanfare rapide :

Dixième bataillon,   *N'a pas peur du canon!*
Commandant Mac-Mahon   *Nom d'un nom.*

Regardez ce clairon, c'est encore un chasseur à pied. Une main sur la bretelle de sa carabine portée à la grenadière, son clairon dans l'autre, il regarde fixement devant lui et attend le signal que lui donnera son chef. Quel calme dans son attitude! il sait qu'on ne peut pas commencer sans lui. C'est lui qui mettra

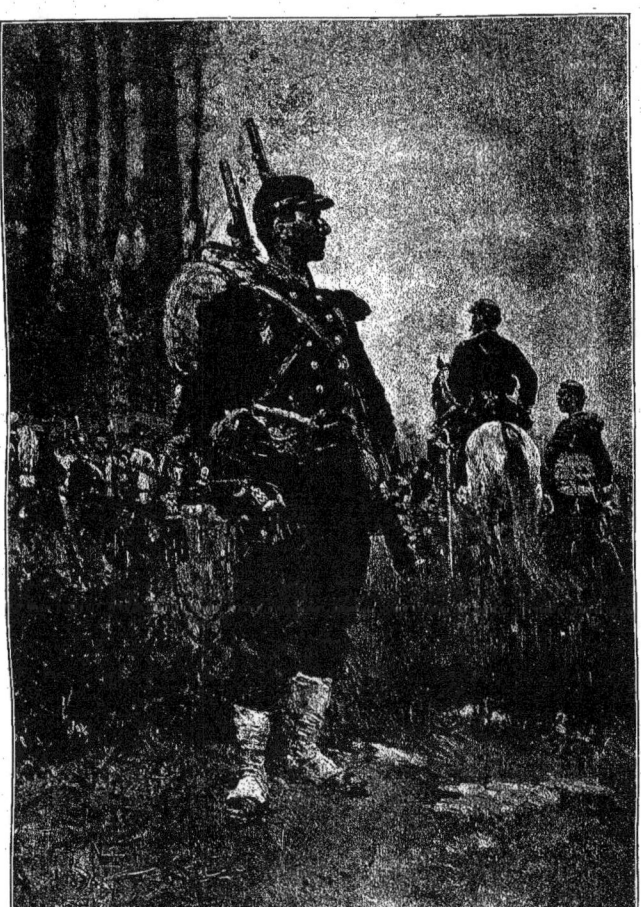

CHASSEUR A PIED (*clairon*).

la contredanse en branle; c'est lui qui sonne : En avant! à droite! à gauche! repliez-vous! Il est chargé de tout son bagage; il porte avec lui tout son « bibelot », ses armes, ses vivres, ses munitions, ses habits et ses chaussures de rechange; mais il n'en est pas moins leste et aisé dans sa démarche. Affaire d'habitude! Artiste et guerrier, le clairon est presque toujours un soldat d'élite. Tout à l'heure au feu, le cuivre aux lèvres, il fera rage; mais, pour sûr, il reviendra au pays avec le petit ruban orangé sur la poitrine. Il est de ceux que la balle ennemie peut toucher, mais qu'elle n'abat pas facilement. Ce qu'il faut admirer surtout dans les tableaux de de Neuville, c'est qu'ils ne vous laissent jamais froid. Ils vous emportent dans le milieu qu'ils représentent. On est chasseur avec ses chasseurs; on marche, on court, on combat avec eux. Ils vous racontent leur histoire.

De Neuville, mieux que personne, connaissait la guerre des environs de Paris. Il l'avait faite en soldat autant qu'en artiste. Il en avait parcouru les divers champs de bataille en homme qui veut bien faire, autant qu'en homme qui veut tout voir. Nommé avant la guerre sous-lieutenant dans un bataillon de mobiles parisiens, il fut grâce à l'inintelligence électorale, privé de son grade lorsque la faiblesse du gouverneur Trochu remit à l'élection la nomination des cadres de la jeune milice. Mais de Neuville n'était point de ceux qui se rebutent pour si peu; le règlement Trochu lui conservait son grade à la condition qu'il obtînt d'être requis par un état-major. Il se cramponna et se fit réclamer par le général Caillé, commandant le secteur de Belleville et fut employé dans son état-major comme lieutenant du génie auxiliaire. Il y rendit des services réels, mais sa joie n'avait pas de bornes, lorsque son chef, un jour de bataille, le désignait pour aller assister à l'affaire et lui en rendre compte. Le général Caillé, militaire aimable, instruit, plus connu dans la diplomatie que dans l'armée, était enchanté de sa nouvelle recrue. Il se prêtait volontiers aux caprices de son subordonné. Un général n'a pas la chance tous les jours de posséder un de Neuville pour officier d'ordonnance. Les fontes de ses pistolets toujours lestées de carnets et de crayons, celui-ci enrichissait sa collection de croquis et n'était jamais trop près pour bien voir. Vingt fois on eut à lui rappeler qu'il était là pour tout autre chose que de se faire tuer sans aucune utilité. A la bataille de Champigny dont il sillonna le terrain dans tous les sens, il releva tout, nota tout et lorsqu'il entreprit avec son ami Detaille le panorama de cet épisode du siège de Paris, il avait encore dans l'œil et dans la mémoire le souvenir des divers combats de cette journée si malheureusement finie.

Évidemment il avait assisté à ce combat de la porte de Longboyau qu'il décrit avec une si chaleureuse précision. C'est là un de ces fréquents épisodes si tristes pour ceux qui ordonnaient la défense de Paris et honorables pour nos soldats. On en est au 19 janvier 1871. On livre aux Prussiens la suprême bataille : on veut affirmer un dernier effort avant de se rendre. La garde nationale en est et doit en être, car il faut qu'elle apprenne à ses dépens ce qu'elle ne paraît pas vouloir comprendre de bonne volonté : à savoir que la victoire, qui n'a jamais été facile, n'est plus du tout possible. Les colonnes Valentin, Bocher, Miribel, ont échoué dans leur attaque de front sur le plateau de la Bergerie. Ducrot donne l'ordre au colonel Miribel de s'emparer de la porte de Longboyau. Une première attaque n'ayant pas réussi par l'intérieur du parc de Buzenval, c'est par le mur, qu'il essaye de longer, que le colonel tente d'y arriver. Un bataillon de mobiles du Loiret, échelonné le long du mur, est chargé d'enlever la porte.

« Mais il était déjà trop tard » dit le général Ducrot dans le quatrième volume de la *Défense de Paris*. Nos soldats viennent se heurter contre des obstacles presque insurmontables. Devant la porte fortement barricadée, ils tombent fusillés à bout portant. Des murailles crénelées part une mousqueterie qui ne permet pas à nos hommes de se tenir debout : en arrière, de nombreuses batteries allemandes dont les repères, les champs de tir ont été depuis longtemps étudiés... et, parfaitement abritées par des tranchées, des abatis, nous écrasent. Là sont tués le colonel de Montbrison, le capitaine de Murat et le sous-lieutenant de Greffier, des mobiles du Loiret; à côté d'eux tombent plus ou moins grièvement blessés, le capitaine Balquié, les lieutenants Rouillé et Lesourd, le sous-lieutenant Imbaut — et quatre-vingts mobiles tués ou blessés du même régiment.

La bataille de Buzenval trouva les Prussiens bien calmes et bien sûrs de la victoire; ils nous attendaient sans crainte; ils nous savaient épuisés, divisés; mieux que nous, ils connaissaient le nombre exact de jours que nous avions à vivre. Et pourtant il se trouvait encore dans Paris des gens capables de se

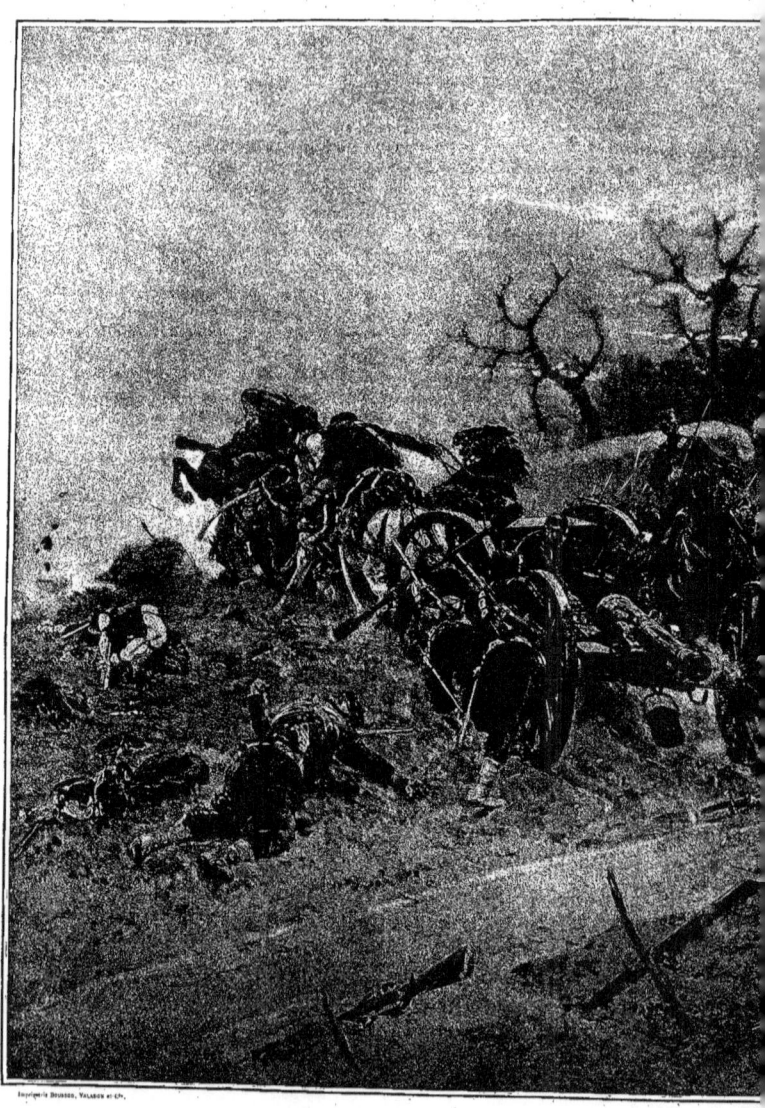

DÉFENSE DE

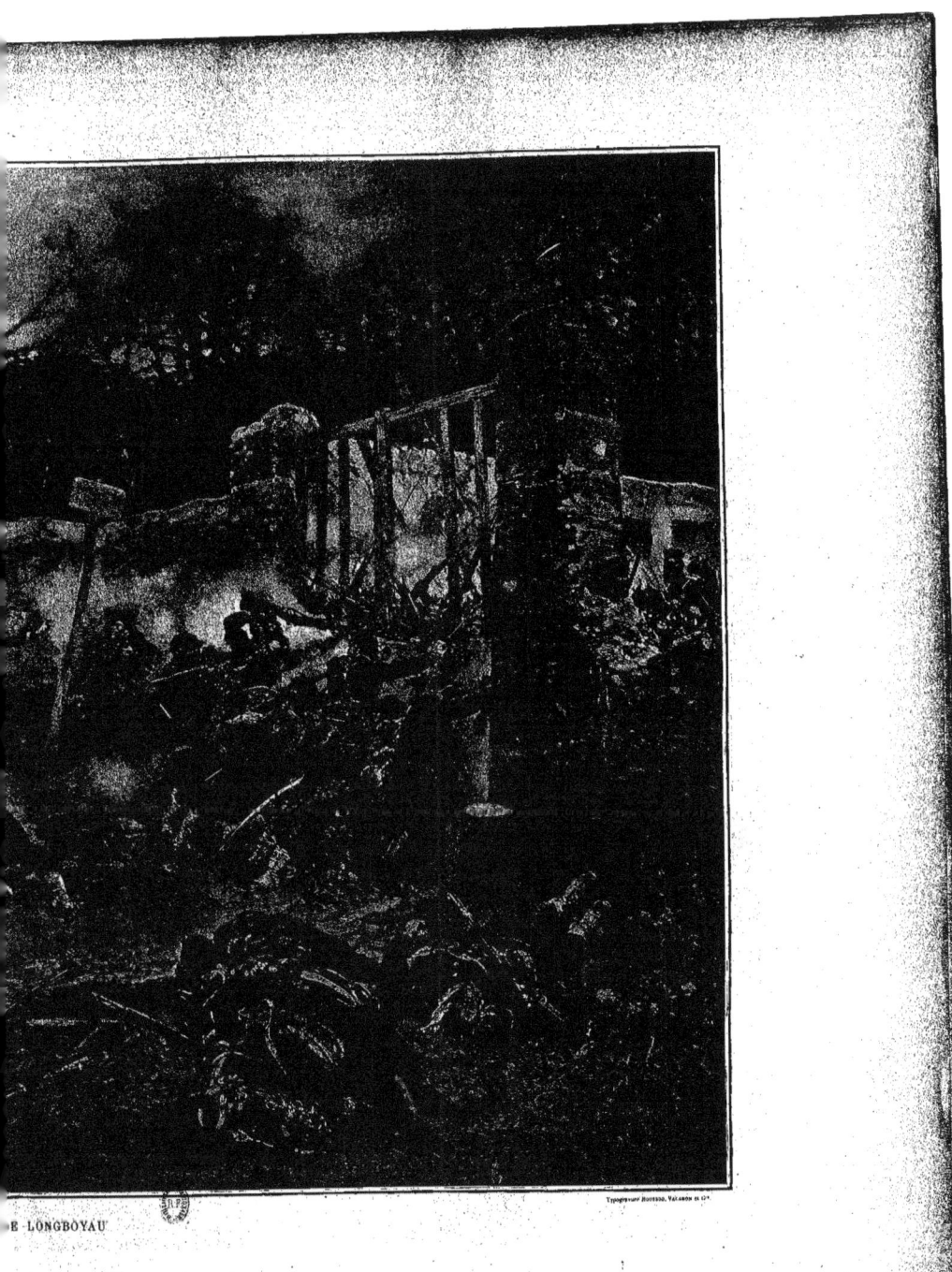

E LONGBOYAU

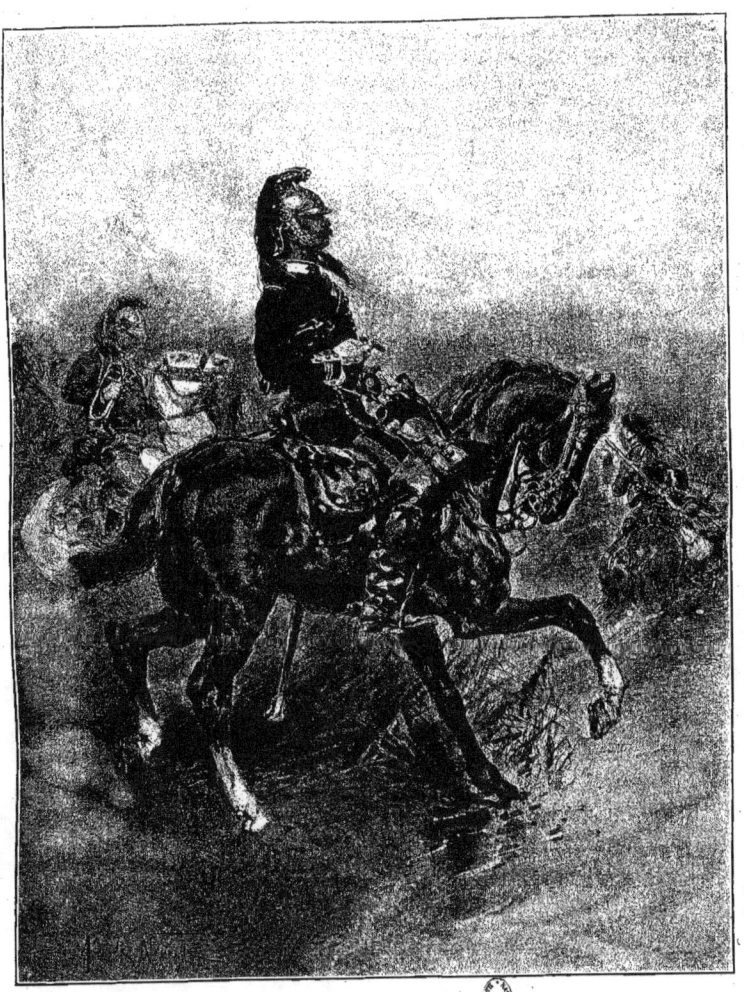

OFFICIER DE DRAGONS.

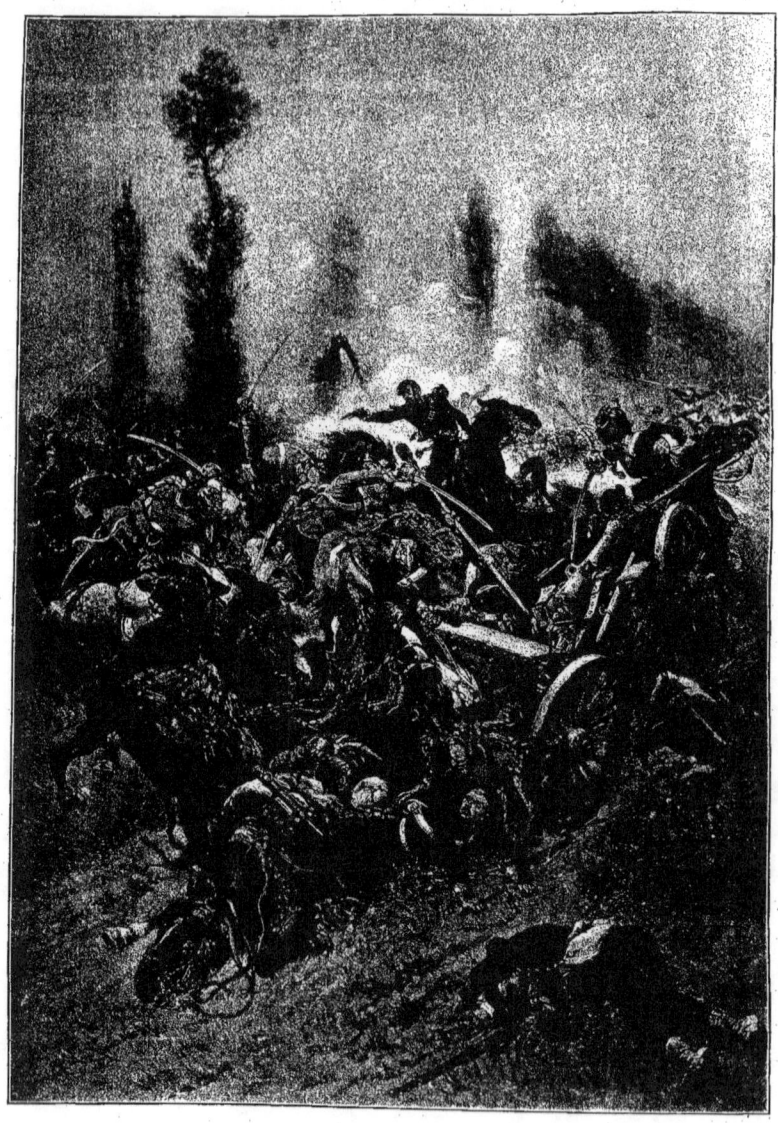

PIÈCE EN DANGER.

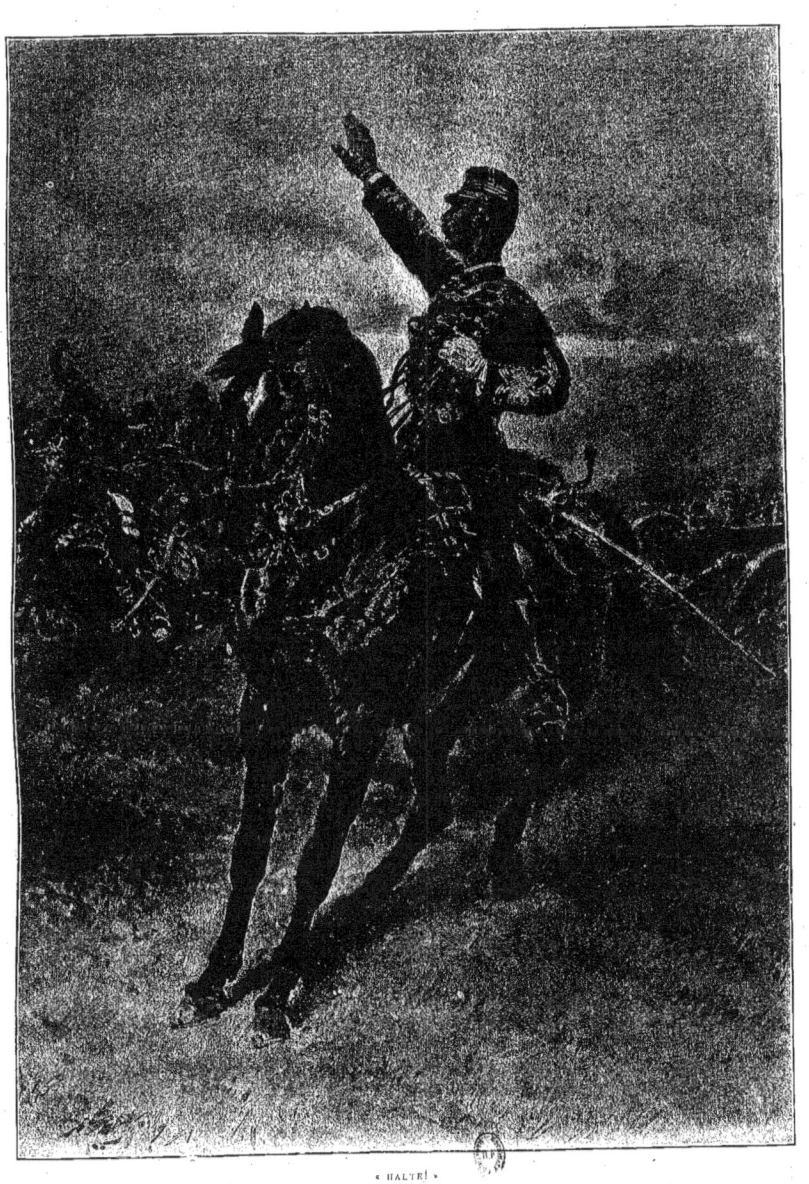

« HALTE! »

battre, mais ce n'était pas ceux qui criaient le plus fort. Il n'y a pas de cause si perdue qu'elle ne trouve encore d'héroïques défenseurs. Avec quelle rage désespérée ces quelques hommes se ruent sur cette porte garnie de fascines! comme ils la poussent, comme on comprend qu'ils veulent en finir, soit avec la vie, soit avec l'ennemi! C'est le beau désespoir que Corneille met dans la bouche du vieil Horace. Et en effet, que de braves gens moururent pendant la défense de Paris, dont le dévouement, mieux utilisé, aurait rapporté davantage à la patrie!

Le soldat français s'est battu brillamment partout où il a été engagé franchement. Si le haut commandement a souvent péché, le commandement inférieur, le commandement direct a toujours été admirable. Regardez cette *Pièce en danger* d'être prise par les dragons allemands. Le revolver au poing, dans une attitude superbe, le lieutenant brûle tous ceux qui s'approchent. D'ailleurs tout le monde combat : les servants comme les conducteurs. Les cuirassiers français qui, le sabre haut, chargent au triple galop auront le temps d'arriver. Ce canon-là sûrement n'aura pas été pris cette fois sur le champ de bataille; et, s'il est allé enrichir l'arsenal de Spandau, c'est dans une capitulation qu'il aura été rendu. Quel élan, quel entrain, quelle mêlée, quels furieux coups de sabre! Les fameux cavaliers de Salvator Rosa ne tourbillonnent pas avec plus d'ardeur et de mouvement. C'est le feu même de la bataille qui anime cette scène épisodique que je crois empruntée à la journée de Mouzon.

A l'incendie par les Prussiens des villages qui résistent, à l'exécution sommaire des francs-tireurs et des citoyens qui ont envoyé des coups de fusil à ceux qui leur en tiraient, voici un détachement de soldats français qui répond pratiquement et comme il convient à la guerre, dent pour dent, œil pour œil. Ils ont surpris un poste prussien avancé; ils l'ont attaqué, et, devant la défense qui leur tue trop de monde, ils se sont déterminés à griller leurs adversaires. L'*Attaque d'une maison par le feu* est, nous en conviendrons, une scène sauvage; mais, après les incendies et les fusillades de Bazeilles, tout est permis aux nôtres, même d'enfumer un poste ennemi.

Toute la provision d'hiver du village y passera; on entasse fagots et falourdes sur des voitures; on les roule à bras; on en entoure la maison. Il faudra bien qu'ils se rendent! Il n'y a pas de temps à perdre : leur fusillade peut attirer du secours et il ne faut pas qu'un seul puisse se vanter de nous avoir fait voir le tour. C'est peut-être la page la plus furieuse que l'on rencontre dans l'œuvre de de Neuville. On dirait que tous ces soldats ont un frère à venger, tant ils mettent de rage et de frénésie dans la destruction. La saison est déjà avancée; les toits troués par le boulet sont couverts de neige; on voit que la guerre a déjà passé par là avec toutes ses horreurs. Cette terrible exécution n'est peut-être qu'une revanche et une revanche justement méritée. Nous nous sommes battus avec les Russes et les Autrichiens et jamais un peintre de l'une de ces nations, pas plus qu'un peintre français, n'a eu à peindre quelque chose d'équivalent à l'*Attaque d'une maison par le feu*. C'est qu'alors nos ennemis étaient des hommes civilisés, commandés par des gens qui n'avaient pas pour morale que la force prime le droit. Le jour où nous prendrons notre revanche de la revanche d'Iéna, les fils des vainqueurs de 1871 auront tout à craindre des fils des vaincus.

Place à la cavalerie! Voici les dragons! Cet officier élégant, hier encore, au cercle, à l'orchestre de l'Opéra, sur nos boulevards, étalait sa prestance. Le voici qui fume insoucieusement son cigare au milieu de « ses hommes » qu'il mène dans une reconnaissance. Il est l'œil de l'armée, la lorgnette du général en chef, et lorsqu'il sera revenu d'une pointe poussée à cinq ou six lieues, il lui faudra organiser ses vedettes et former un cordon sanitaire autour du sommeil des corps d'armée qui dorment en attendant le réveil et le combat.

Par exemple, celui-là n'est pas un vieux soldat, mais c'est déjà un malin et même le malin des malins. Il descend en droite ligne de ce fameux perruquier des zouaves, si connu de l'armée d'Afrique et qui en aurait remontré à saint Thomas en fait d'incrédulité. Ce n'est pas à lui qu'on en contera; il a déjà tout vu, le jeune zouave, et par expérience il ne laisse rien traîner. N'importe ce qu'il trouve, il le serre, en disant sentencieusement : « On ne sait pas à quoi cela pourra servir un jour ou l'autre. »

Et il encombre le haut de son armoire à glace d'objets les moins précieux en apparence, mais fort utiles

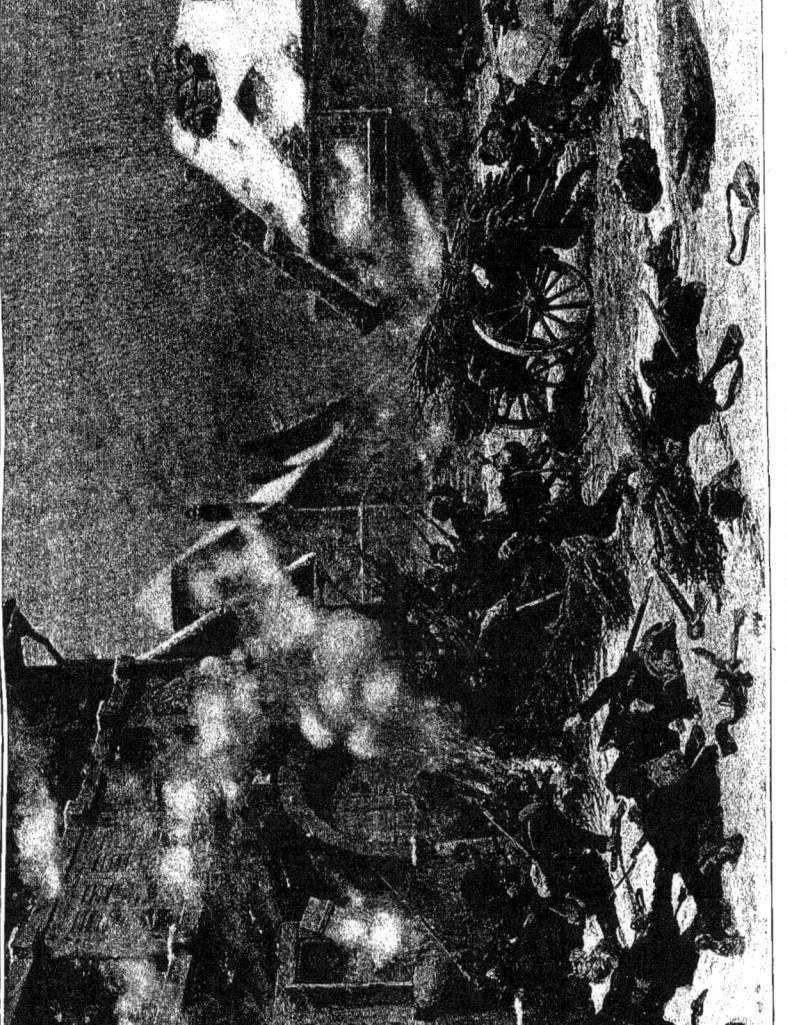

ATTAQUE D'UNE MAISON PAR LE FEU.

pour son escouade, et sa marmite bouillira la première, tandis qu'on pestera ailleurs. Avec ces morceaux de drap, détritus de vestes et de pantalons, dédaignés par des conscrits qui n'en ont pas l'usage, il raccommodera ses habits. Peu lui importe, il est vrai, de boucher un trou avec une étoffe disparate; pourvu que le trou soit bouché, c'est le principal. Stoïcien de la bonne école, la cigarette qu'il fume est certainement d'un tabac que lui seul connaît; c'est un Parisien fini; il appartient à la tribu des « Beni-Mouftards », ramasseurs de n'importe quoi, n'importe où, mais qui deviennent de terribles soldats lorsque la vie militaire leur a brisé l'échine. A l'armée, le Parisien est tout bon ou tout mauvais; il raisonne ou il marche; c'est un fricoteur ou un héros; il n'y a rien à faire avec lui, ou l'on doit tout en attendre; il n'y a pas de milieu, car il ne fait rien à demi, ni le mal, ni le bien.

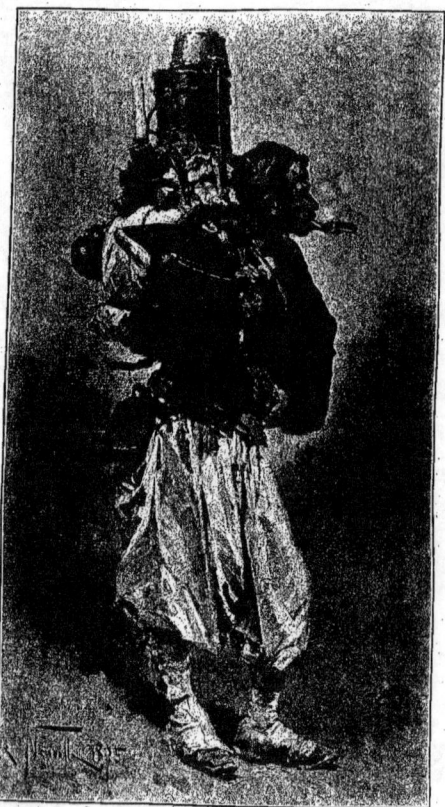

ZOUAVE.

Ce turco bronzé, dont la superbe carnation fait rêver si l'on se rappelle un des couplets de la chanson célèbre du *gentil Turco* :

Quand un Turco va voir sa maîtresse,
D'abord il la caresse
A coup de triquot;
Kif! kif! le bouriquot.

Sa maîtresse à l'heure qu'il est, c'est la poudre; la poudre qui parle à son imagination de guerrier plus que la gloire. Il l'aime plus que tout au monde; c'est à fin de la faire éclater qu'il abandonne son pays pour suivre au loin le drapeau français. Les coteaux de l'Alma l'ont vu bondir comme une panthère; les belles dames de Milan et de Mexico l'ont couronné de roses; il est allé en Cochinchine, il est allé partout, et le voici, il ne sait comment, au milieu des places de l'Alsace, la cigarette aux lèvres et toujours prêt à verser généreusement son sang. C'est l'enfant gâté de la bataille, terrible aux ennemis, qui voient en lui l'image du diable, le *Dieu du feu et du fer*. Il aime qu'on lui parle au milieu du combat. A Woerth, où le 1ᵉʳ régiment de tirailleurs algériens laissa huit cents morts sur le champ de bataille, le capitaine Quantin pour consoler ses hommes au milieu de la mêlée leur disait simplement : « Ce ne sont point des balles que vous entendez, ce sont les abeilles qui bourdonnent à vos oreilles. » Le 3ᵉ régiment, non moins éprouvé, eut aussi ses orateurs du champ de bataille. Sur la ligne de tirailleurs, un sous-officier supplie le capitaine Deschamps de descendre de cheval et de ne pas rester en cible exposé aux coups certains de l'ennemi : « Les enfants du désert, répond-il aussitôt en arabe, ne connaissent pas les chefs qui mettent pied à terre au moment de combat-

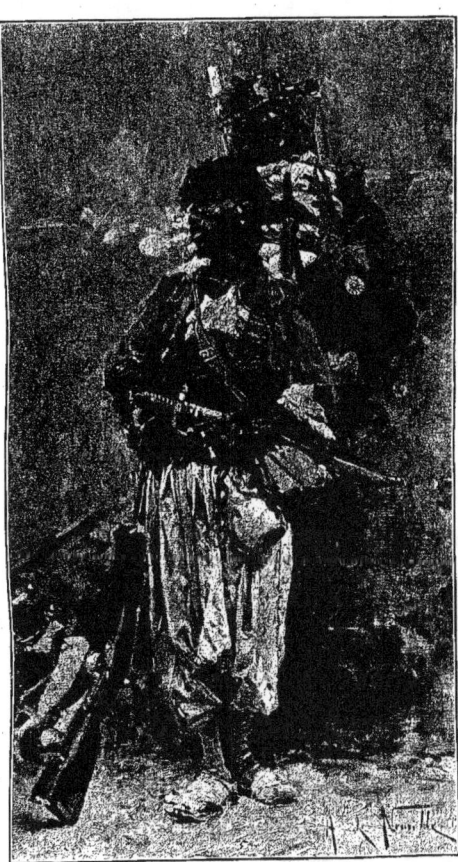

TURCO.

tre. » Quantin et Deschamps sont tombés face à l'ennemi, mais leurs noms restent gravés dans la mémoire de leurs chers soldats. A quoi pense-t-il ce turco chargé lui aussi comme un zouave d'un butin étrange? Est-ce au Prussien dont il a pris le casque après l'avoir éventré d'un coup de son sabre-baïonnette? Est-ce au chef mort au champ d'honneur en lui montrant le chemin du devoir ? A tous les deux peut-être, mais à coup sûr aussi aux nouvelles luttes qui se préparent. Il pense à tuer le plus de Prussiens possible et à venger ses officiers et ses camarades qu'il ne reverra plus ici-bas. Salut, brave turco !

Ce capitaine d'artillerie qui arrête sa batterie d'un geste impérieux et d'un cri énergique : *Halte!* est aussi un raffiné. Sa tenue n'est peut-être pas tout à fait réglementaire, mais le ceinturon qu'il porte par dessus son dolman ajoute à l'énergique élégance de toute sa tenue. De Neuville aimait ces cavaliers superbes qui conservaient l'air mousquetaire sous le veston moderne. Il leur prodiguait des grâces militaires infinies, des rudesses chatoyantes, des exquisités de toilette superfines. On devine aux caresses de pinceau qu'il leur prodigue combien il regrettait de ne pouvoir les couvrir de broderies éclatantes, de manteaux écussonnés et les surmonter de panaches flamboyants. Certainement les deux passions artistiques de de Neuville ont été les chasseurs à pied et les artilleurs. Si on les comptait dans ses tableaux, on en trouverait presqu'autant que dans l'armée française.

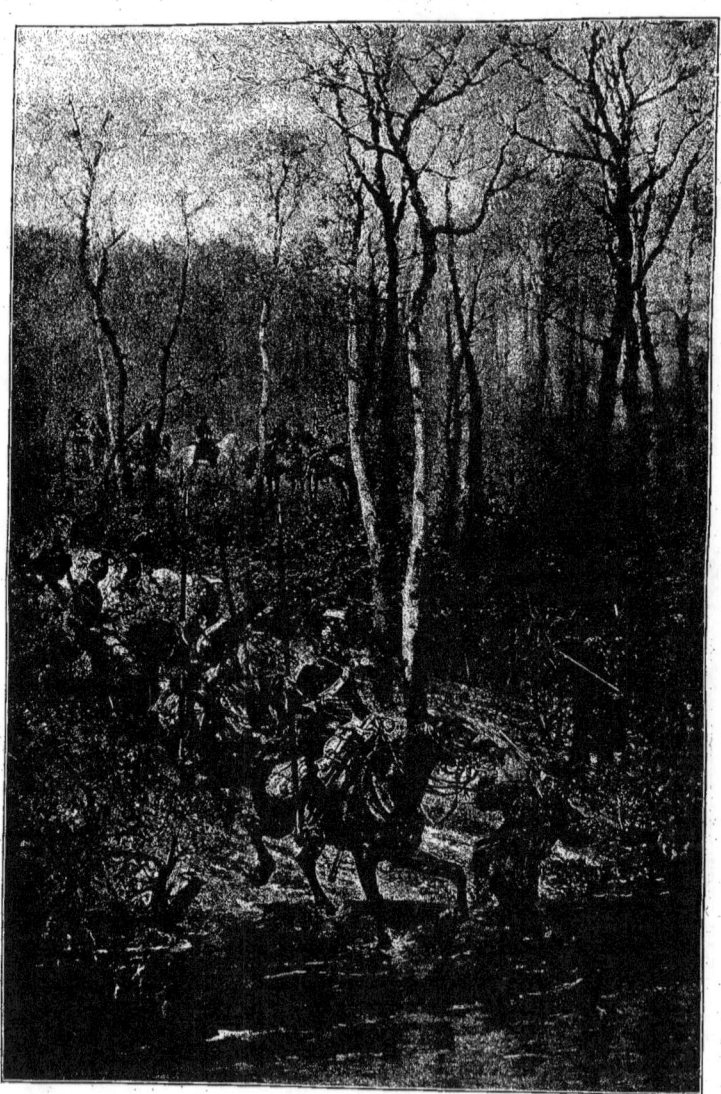

PASSAGE D'UN GUÉ.

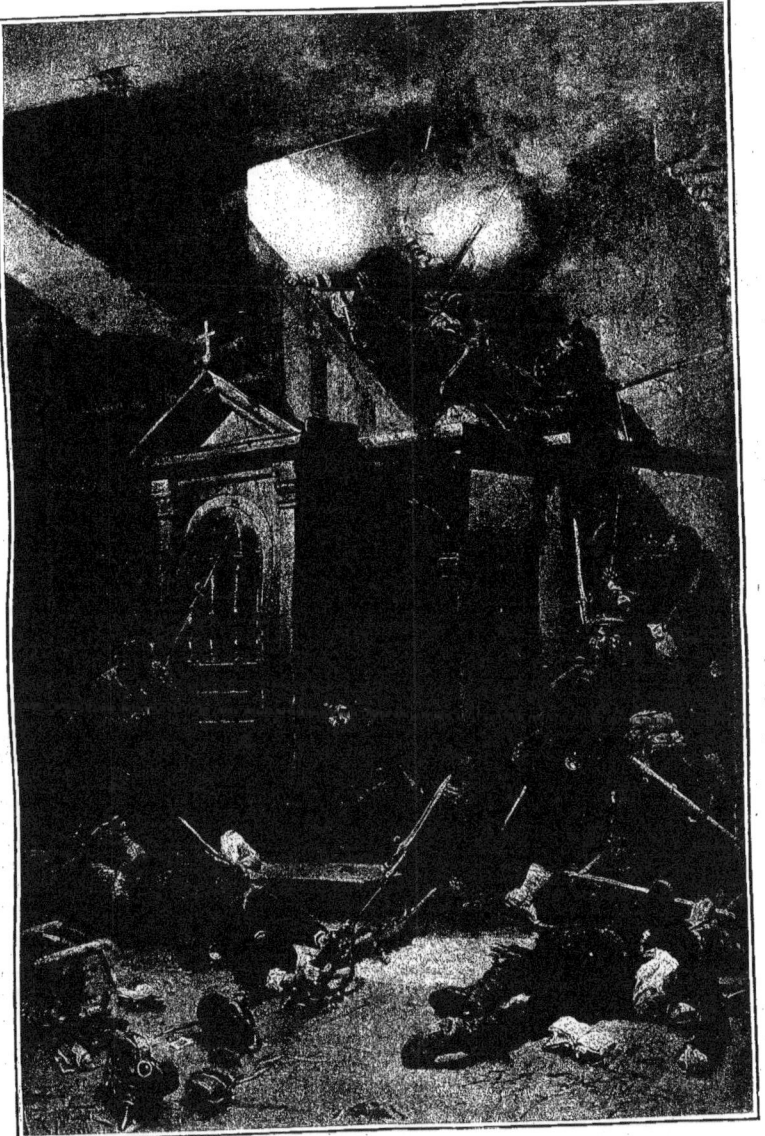

COMBAT DANS UNE ÉGLISE.

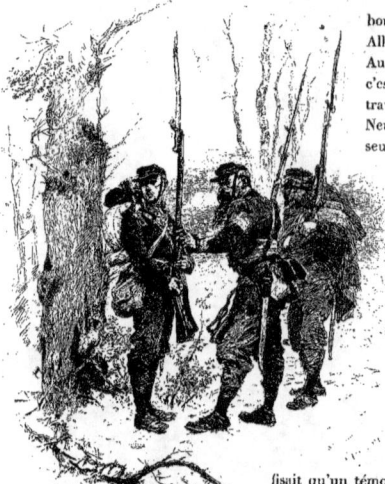

Ces fantassins escaladant, la baïonnette au bout du fusil, un clocher de village occupé par les Allemands, ont un entrain des plus belliqueux. Aucun cependant n'affecte une pose théâtrale, c'est bien là la guerre corps à corps où chacun travaille pour son compte. La guerre, dès que de Neuville l'a vue, de ses yeux vue, lui a livré d'un seul coup tous ses secrets. Bien que je ne fasse pas sa biographie, je puis rappeler qu'avant la campagne de 1870-1871, il n'était encore qu'un artiste de second rang. Les malheurs de la France, l'immensité de nos misères surexcitèrent son âme, enflammèrent son pinceau et il se révéla tout à coup grand peintre pour consoler la patrie et prêcher la haine de l'étranger. Depuis 1871, il n'a fait que des œuvres d'une grande valeur. Il aimait tant les soldats français; il haïssait si fort l'étranger.

Neuville avait donc en lui l'intuition de toutes les choses de la guerre. Il en débrouillait avec une étonnante perspicacité les plus inextricables péripéties. Il suffisait qu'un témoin oculaire lui racontât une scène militaire pour qu'il en eût sur-le-champ la représentation nette dans l'esprit. Évidemment, il n'a pas vu le *combat dans une Église* mais évidemment aussi, si le combat a eu lieu, il s'est passé exactement de cette façon. Le fantassin prussien, blessé ou mourant de peur, qui se recule effrayé dans l'angle du confessionnal, est bien connu des Parisiens. Ce n'est pas le beau Poméranien, splendide sous son uniforme qui étonna nos officiers de l'empire, si jaloux eux-mêmes de la belle tenue de leurs hommes; c'est le gamin hâve, à la peau plombée que nous avons vu dans toutes les familles d'émigrants, traînant sur les bancs de nos gares de chemins de fer; c'est l'ouvrier qui venait chercher du pain dans nos fabriques et surprendre tous nos secrets. Ce type curieux si bien saisi par le pinceau de Neuville, nous le retrouverons pendant toute la campagne dans les régiments d'infanterie prussienne; de même que nos officiers prisonniers ont retrouvé dans les rangs de l'armée allemande des anciens commensaux dont ils avaient ignoré jusque là la nationalité militaire. J'ai entendu raconter nombre de fois l'histoire d'un major qui, sous un nom d'emprunt, avait servi au Mexique et en Afrique, comme lieutenant dans la Légion étrangère. Tout le monde connaît cet ingénieur allemand employé jusqu'en 1867 par la compagnie du Nord. A la suite d'un refus d'avancement, il donna sa démission en disant ironiquement qu'il se retirait « avec la satisfaction d'avoir travaillé pour le roi de Prusse ». Pendant la guerre il devint le directeur des lignes du Nord au compte de son roi bien entendu ; et sans doute pour que nous n'en perdions pas la mémoire, le livre du grand état-major allemand a constaté le fait et conservé son nom (Supplément CLXXIV) dans une note exquise : « Un ancien employé du chemin de fer du Nord français, nommé Glaser, Allemand de naissance, avait été admis par la Commission des chemins de fer de campagne en qualité d'ingénieur. Il fut attaché à l'armée de la Meuse et s'occupa surtout du rétablissement du réseau des voies ferrées situé au nord de Paris. » Oui, certes le sieur Glaser avait travaillé et bien travaillé pour le roi de Prusse et maintenant bons Français, continuez à accueillir dans vos bureaux et dans vos ateliers ces bons Messieurs les uhlans de l'espionnage.

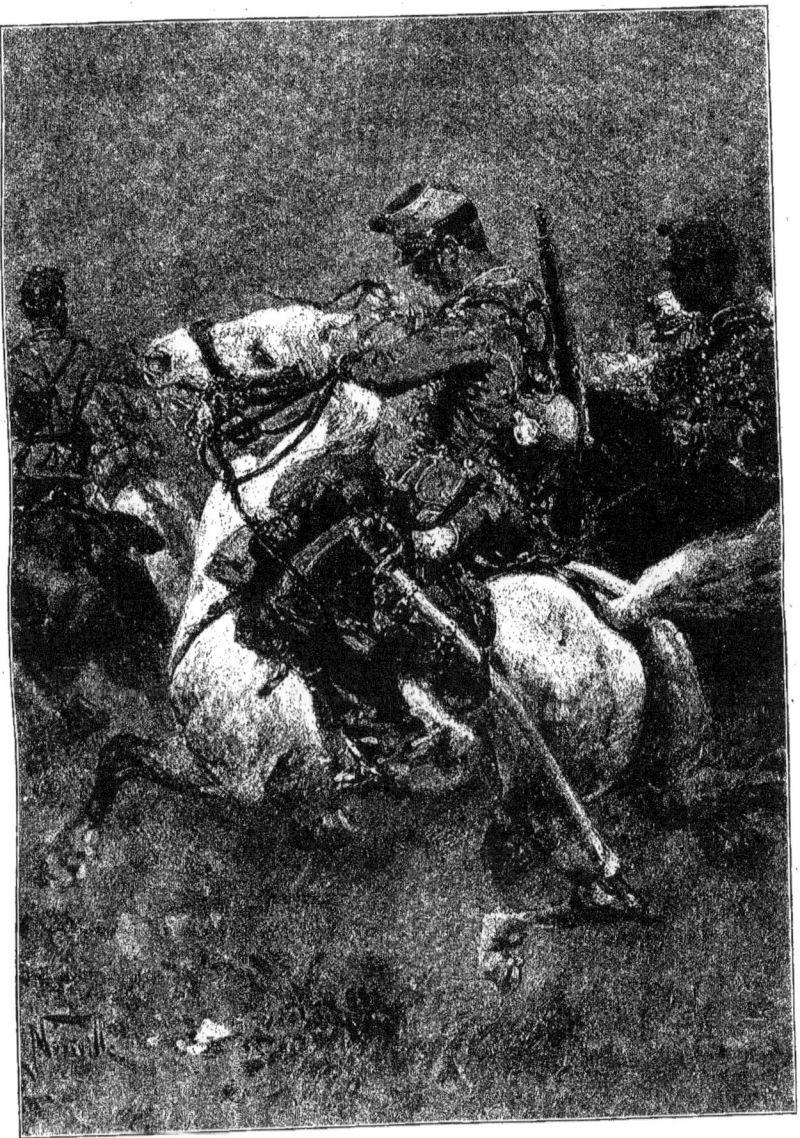

HUSSARDS.

Quant aux pauvres *prisonniers français* dont on n'a pas assez raconté les douleurs, ils ont eu à souffrir plus qu'on ne saurait dire. Sans feu, pendant un hiver rigoureux, insuffisamment nourris, sans médicaments lorsqu'ils étaient malades, exploités par les marchands allemands lorsqu'ils avaient de l'argent, ils étaient maltraités par des majors importants qui croyaient toujours qu'ils allaient se révolter. Mais laissons de côté pour un instant ces tristes souvenirs.

Une vieille chanson dit que le *Hussard* a été formé pour l'amour aussi bien que pour la guerre. Maintenant que les chasseurs à cheval sont habillés comme les hussards, sauf un ornement et la couleur des brandebourgs, le cavalier léger français est toujours un hussard pour les femmes et pour l'ennemi. Sur son cheval blanc qui s'enlève, ce vigoureux garçon m'a rappelé la vieille chanson et je suis bien certain que le fond de la toile est occupé par des femmes regardant le défilé.

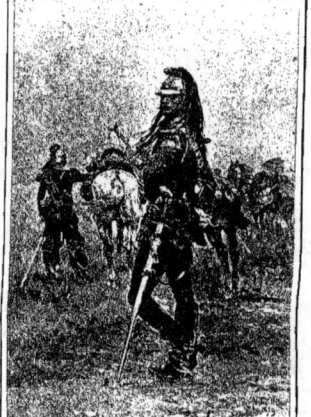
OFFICIER DE DRAGONS.

Ladonchamps — ce nom remet en mémoire deux journées de la fin du siège de Metz.

Le commandant en chef n'avait pas cru que Paris tiendrait si longtemps contre les efforts de l'armée allemande; il se pensait oublié de la France et rêvait d'être, avec ses quatre corps d'armée et la garde, l'arbitre des destinées politiques de son pays. Encouragé dans ses songes ambitieux par les menées ennemies, il s'endormait avec l'espoir de se réveiller maître de la situation. Mais dans l'armée de Metz, il existait des braves gens. Ils disaient bien haut que si dans les journées des 14, 16, 18, 31 août et 1ᵉʳ septembre, on avait eu 306 officiers tués et 1262 blessés, si nous avions perdu 21591 sous-officiers et soldats dont un quart tué ou mort de blessures; si nous avions laissé 11121 prisonniers entre les mains de l'ennemi, on n'avait pas encore fait assez pour la patrie. Les prisonniers échangés avaient apporté des journaux français, on avait pris des journaux allemands sur des morts; il circulait parmi les régiments des bruits étranges; on se disait que Paris voulait se défendre, que la province s'organisait. Les gens de cœur sont toujours en majorité s'ils ne sont pas toujours les plus forts; ils voulaient qu'on marchât de l'avant, qu'on allât joindre ceux qui se débattaient au loin. Le mois de septembre tirait à sa fin; on commençait à manger du cheval et l'on ne voyait pas bien clair dans les projets de Bazaine. Le maréchal sentit la nécessité d'occuper l'esprit de ses soldats; le 21 il y eut une petite affaire à *Lauvallier*; le 22 on fit une tentative sur Vassy et le 27 on marcha sur *Peltre* et *Colombey* et sur *Ladonchamps*, points de la circonférence des avant-postes situés les deux premiers au sud, le dernier au nord de la place. Ce fut le 6ᵉ corps (maréchal Canrobert) qui fut chargé d'enlever le château de Ladonchamps; il le fit lestement, surprit les Prussiens et leur infligea un léger insuccès. Les Allemands n'aiment pas être surpris; pour que les Français ne vinssent plus chercher de nouveau des ressources si près de leurs lignes, ils ordonnèrent de détruire les villages attaqués, enlevés et qu'on avait abandonnés à la fin de la journée. « En exécution de cet ordre, ils procédaient durant la soirée et la nuit suivante, à l'incendie de Peltre, de la Basse-Bévoye, des Maxes et d'une partie de Magny. Les localités de Colombey, la Grange-aux-Bois et Mercy-le-Haut avaient déjà été réduites en cendres au cours du combat (ouvrage du grand état-major allemand, 2ᵉ partie, page 272). Si dans le récit de leurs exploits, les Allemands oublient volontiers d'énumérer le

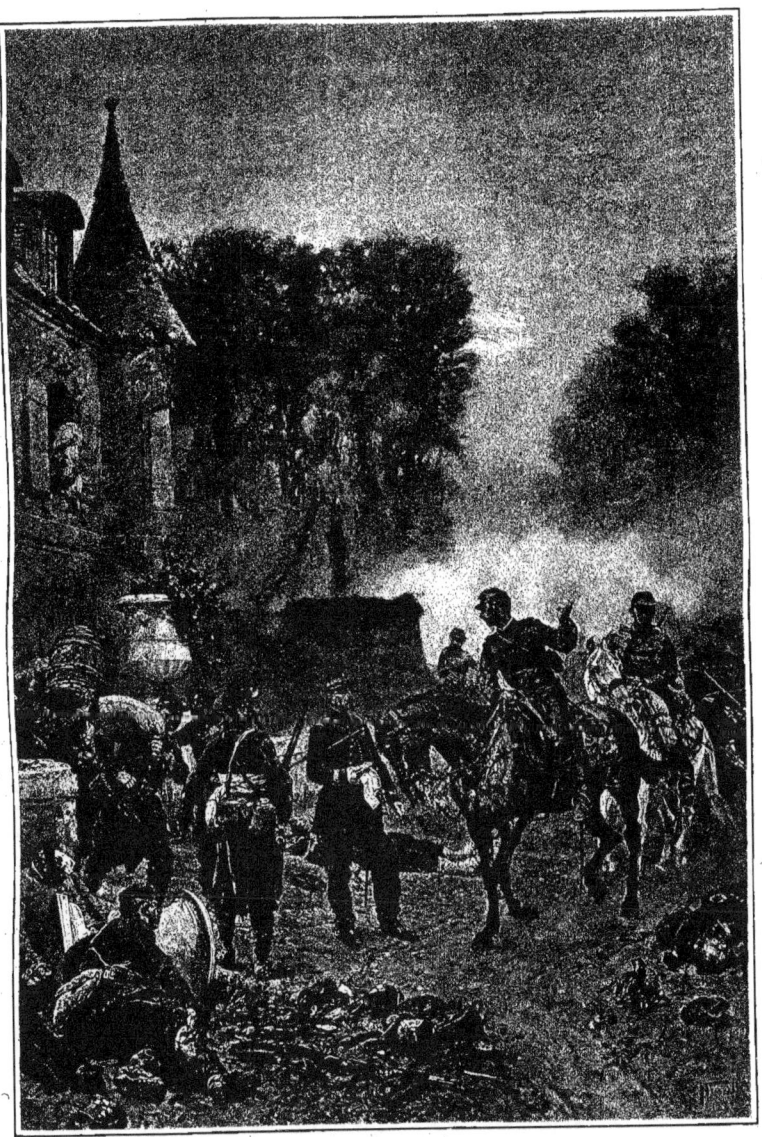

DÉFENSE D'UN CHATEAU.

nombre de leurs morts, de leurs blessés et surtout celui des prisonniers qu'ils ont laissés entre les mains de leurs adversaires, ils se vautrent dans le détail de leurs cruautés. On dirait un procès-verbal d'huissier, et ils agissaient ainsi dans un pays qu'ils voulaient s'annexer! C'est évidemment cette journée, dans laquelle nous nous étions proposé d'enlever les fourrages et les provisions qu'on supposait devoir contenir le château de Ladonchamps, que représente le tableau de Neuville. Des officiers et des soldats du génie sous les ordres d'un officier supérieur de cette arme, opèrent le déménagement des vivres; un officier d'état-major suivi de son ordonnance lui apporte un ordre, car le château, je viens de le dire, doit être évacué dès le soir. On le réoccupera définitivement le 2 octobre, puisqu'à la guerre faire, défaire et refaire c'est toujours travailler.

Parmi les blessés allemands nous retrouvons encore notre gamin de mauvaise mine, comme toujours geignant, se frottant la jambe et tâchant d'éveiller le moins possible l'attention sur sa chétive personne.

Les sujets qui plaisaient le plus à Neuville mettaient d'ordinaire en scène des épisodes exceptionnels. Il haïssait le vulgaire. Le *Combat sur les toits*, c'est le côté aventureux, romanesque et presque littéraire de la guerre. Se maintenir fièrement et silencieusement dans le rang sous une pluie d'obus, sous une grêle de balles, c'est héroïque; marcher en tirailleurs ou s'élancer en masse à l'assaut d'une position, c'est presque un soulagement lorsqu'on est resté assez longtemps immobile au feu; mais faire le coup de fusil sur les toits, à travers les cheminées, en grimpant le long des murs au risque de se casser les reins, comme cela va probablement arriver à ce brave chasseur à pied, auquel la main et le pied ont manqué à la fois, c'est là le superlatif de la guerre.

Celui qu'il faut admirer le plus, ce n'est pas l'officier qui indique les bons coups à ses hommes; après tout il fait consciencieusement son métier de chef; mais ce brave troupier africain, assis commodément sur le chevron du toit, émerveille. Il assure son coup de fusil, comme s'il était à la cible; certainement c'est un amateur de première force. Il prend son temps sans se gêner. Que lui importe d'être visé; les balles qu'on lui envoie, il s'en soucie médiocrement; ce qui l'intéresse c'est de ne pas brûler sa poudre inutilement; il faut que tous ses coups portent. Et dire que des soldats comme ceux-là peuvent être vaincus! Cela démonte les gens qui croient que les soldats suffisent à la bataille. Non, non, ils ne suffisent pas, même lorsqu'ils sont bons, et nos soldats des premières batailles étaient excellents. Mais pour que la guerre donne la victoire, il faut qu'une grande idée la motive, soulève la nation et que l'âme du général en chef s'élève à la hauteur des circonstances.

Nous sommes en Alsace, les houblons du premier plan l'indiquent. Cet épisode est l'un des plus héroïques de la journée de Woerth. La 1ʳᵉ division (Ducrot) du 1ᵉʳ corps d'armée (Mac-Mahon) défend le village de Frœschwiller avec une grande ténacité. Les Allemands ont perdu la bataille le matin; mais ils ont reçu des troupes fraîches toute la journée; il est deux heures et demie de l'après-midi; on se bat depuis huit heures du matin; la journée va se changer pour nous en déroute; mais on lutte encore. Des débris de régiments se mêlent à des débris de bataillons; nous sommes perdus. Nos soldats étaient 40 000. Lorsqu'ils cessèrent le feu, les Allemands avaient amené 140 000 hommes et les renforts qu'attendait Mac-Mahon n'arrivèrent pas. Cette victoire coûta toutefois très cher à nos ennemis qui eurent 489 officiers et 10 153 sous-officiers et soldats mis hors de combat. Bien que nos pertes fussent un peu moins considérables, le corps Mac-Mahon fut brisé en mille morceaux et éparpillé dans toute l'Alsace. Tout ce qui n'eut pas le temps de gagner Châlons fut employé à la défense des places voisines de la frontière.

Je ne crois pas que ces moblots que de Neuville a représentés festoyant aux avant-postes soient du Tarn, du Loiret ou de la Vendée. J'imagine au contraire qu'ils sont de Pantin et même de Pantruche, comme on dit, aussi bien dans des assommoirs de Belleville que dans les caboulots du Boul'Mich. Ce n'est ni par l'amour de la discipline, ni par le respect de la propriété qu'ils brillent. Artistes, étudiants, gamins, ce sont de bons garçons; ils feront le coup de feu avec autant d'aplomb et de conviction qu'ils crieront « à la trahison! » si la victoire ne leur sourit pas. Ce n'est pas que le courage leur manque, bien au contraire, mais ils ont l'habitude parisienne de prendre tout à la blague. Ils sont tombés devant une villa joyeuse; ils ont descendu dans la rue, derrière l'épaulement qui les protège, le piano de la petite

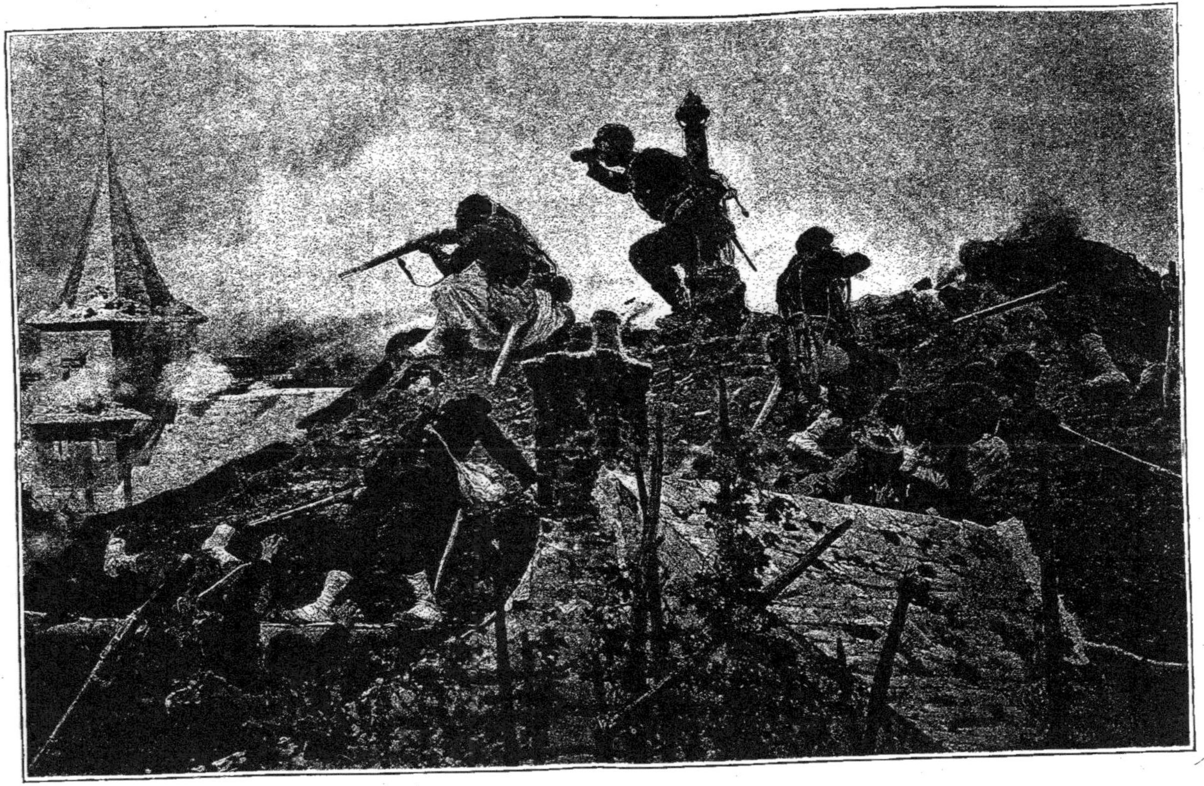

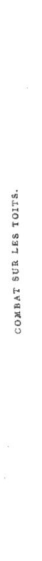

COMBAT SUR LES TOITS.

dame, et ils ont trouvé très garde française et très bastion Saint-Gervais de donner un *concert aux avant-postes*. Que voulez-vous ? il y a tant de gens qui ont appris l'histoire de France dans les romans d'Alexandre Dumas. Le sergent a emprunté la chaise longue au salon de la propriétaire et s'y prélasse en fumant sa cigarette et en lisant la dernière lettre de son amante. Quant au gaillard qui chante la romance en s'accompagnant lui-même, c'est un artiste de la bonne école, de l'école de Thérésa et de Suzanne Lagier et certainement il mériterait un plus nombreux auditoire.

J'aime à penser toutefois que le général qui commande de ce côté-là a pris ses précautions pour que nos moblots soient eux-mêmes gardés par une autre avant-garde. Neuville, on me l'a affirmé, dans son amour pour ces fanfarons de la bataille a voulu peindre leurs qualités dominantes : l'insouciance et la gaieté. Tout en effet, dans cette page fantaisiste, est peint avec un soin particulier et délicat. Les accessoires sont aussi spirituels que les personnages. C'est une étude de mœurs pourléchée et achevée. Le clairon philosophe, que la musique n'émeut pas et qui garnit prudemment ses pieds avec un mouchoir de fine batiste d'une

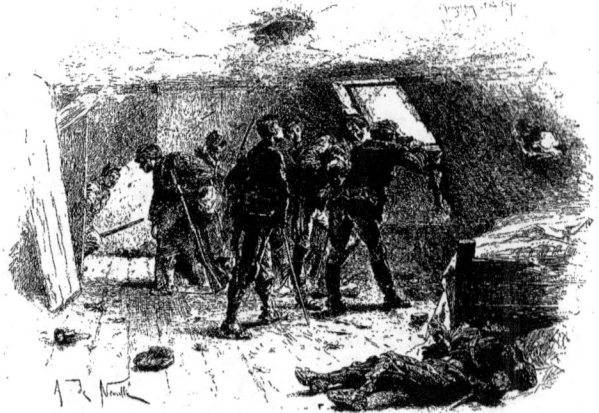

provenance analogue à celle du piano et de la chaise longue, est très finement observé. Le factionnaire assis sur le piano est une trouvaille. Impossible là-dedans de voir une satire, si légère qu'elle soit, contre les faux d'Artagnans de la bohême militaire. Et cependant le chef-d'œuvre ne perdrait rien de son exquisité, s'il était possible d'y découvrir une pointe d'ironie.

Mais comme il faut à tout une moralité, je ne crois pas inutile de raconter ici une anecdote vraie. Comme un matin, au Salon, je regardais le *Concert aux avant-postes*, passaient deux jeunes gandins suivis d'une petite femme coiffée à la chien :

« Tiens, dit l'un, regarde Titine, comme c'est bien parisien. »

Un officier en tenue, qui avait entendu, répliqua d'un air bon enfant :

« Mais ce qui aurait été tout à fait prussien, c'est que ces gaillards-là, surpris, enlevés, empoignés eussent été expédiés le soir même sur Spandau ou sur Stettin. »

Il est inutile d'ajouter que l'officier avait raison ; mais les gandins n'avaient pas tort ; et le *Concert aux avant-postes* restera un chef-d'œuvre et un chef-d'œuvre bien parisien.

Le *Mot d'ordre* qui suit est la contre-partie exacte de la toile précédente.

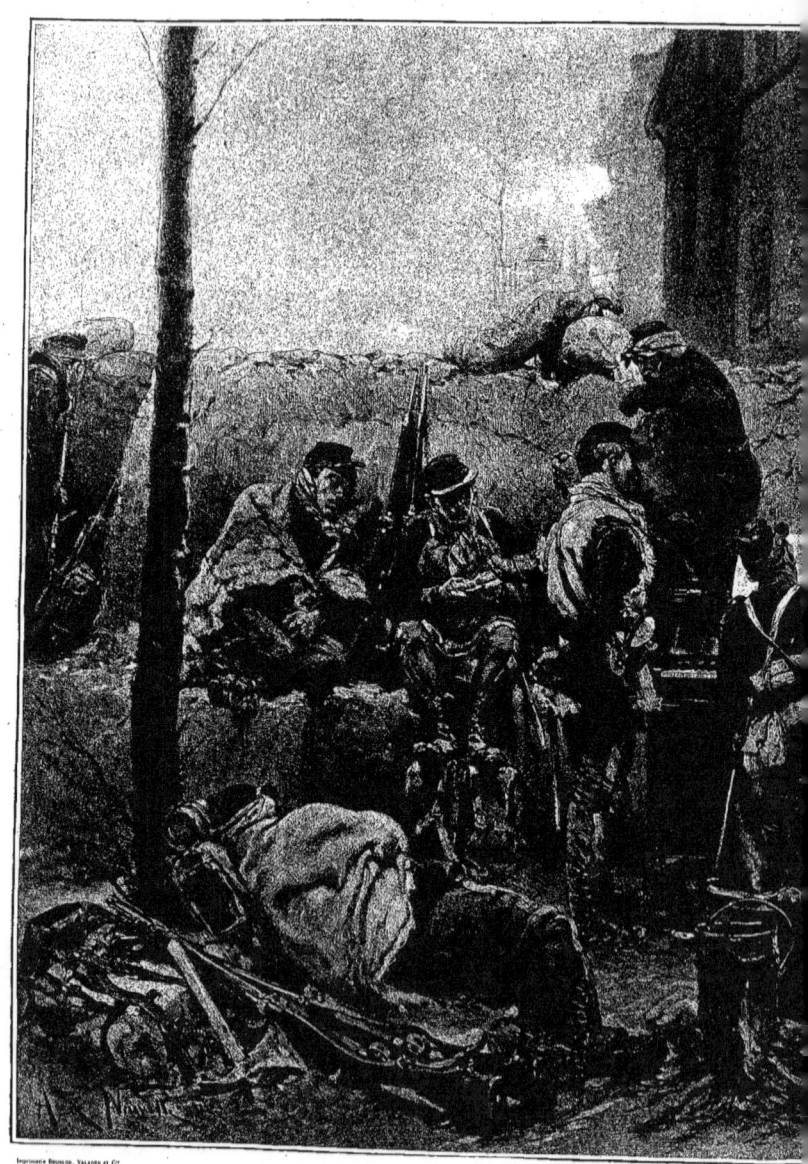

CONCERT AU

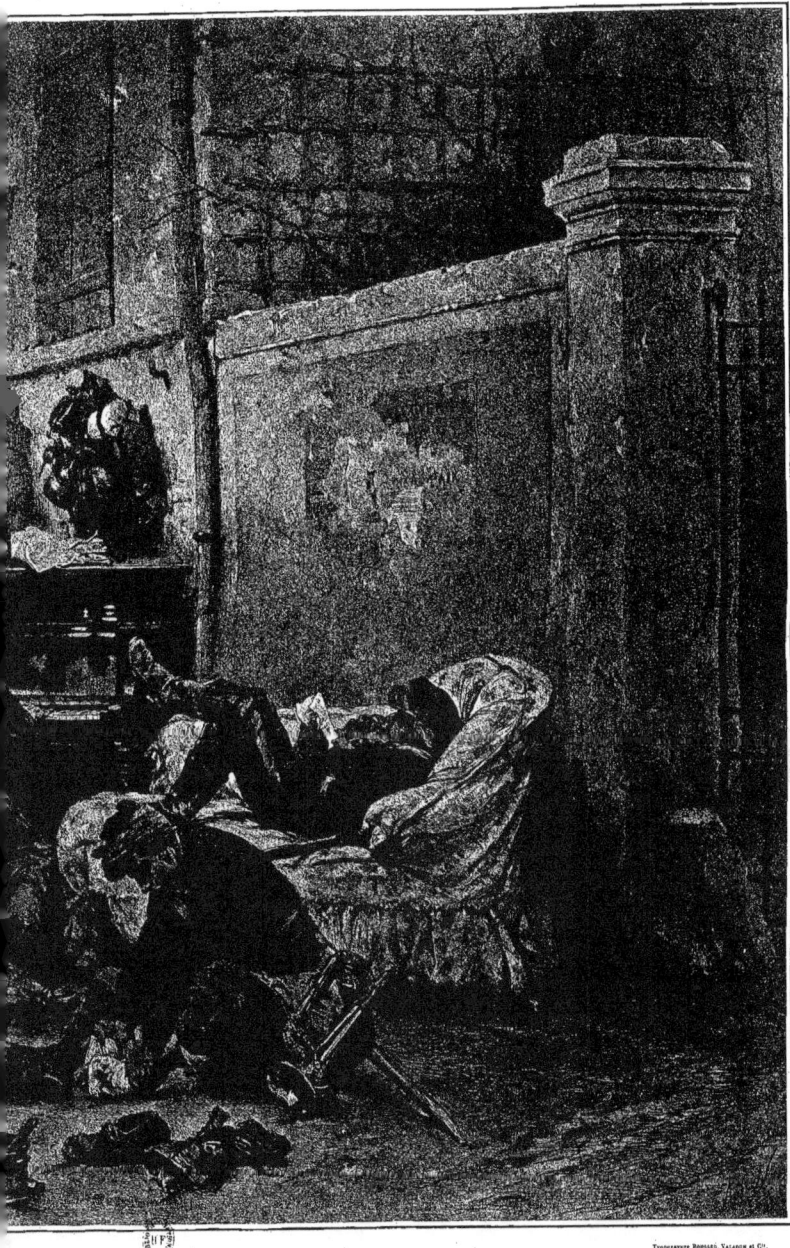

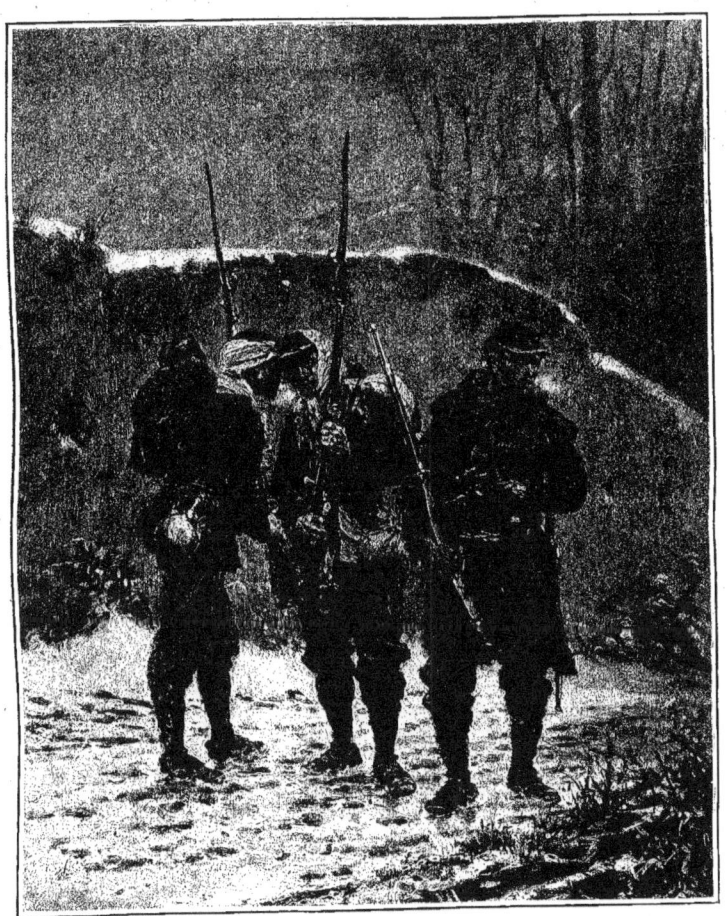

LE MOT D'ORDRE.

Cette fois, c'est le règlement du service en campagne que l'on applique dans toute sa rigueur. Les moblots ont fini de rire. Ça va chauffer et il fait froid. Il ne s'agit plus de chanter *le sire de Fich ton Camp*, avec accompagnement de piano, pour le plus grand agrément des camarades; ça sent le prussien tout près. Mauvaise odeur et mauvais voisinage. D'ailleurs, le commandant du régiment est un ancien officier de chasseurs d'Afrique, un rude. La croix et les épaulettes de capitaine gagnées laborieusement au Mexique il est revenu planter ses choux et faire des enfants légitimes dans le manoir de ses pères. Mais dès qu'il a vu la patrie en danger, il a décroché son sabre de bataille, comme on dit dans les *Huguenots*, et il a accepté de guider au feu les enfants de son canton, mais à la condition qu'on servirait exactement et qu'on ne bouderait pas. Aux mères, il a dit :

« Je vous en ramènerai le plus possible ! »

Aux enfants :

« Faites votre devoir, advienne que pourra ! »

Neuville les avait bien connus pendant le siège ces lieutenants-colonels et chefs de bataillons qui firent souvent des héros de ces braves enfants, presque tous atteints de la maladie du pays. Comme on voit qu'ils sont imprégnés jusqu'aux moelles de l'esprit militaire de leur chef ! Au pied de ce mur désert la sentinelle qu'on relève indique à son successeur la consigne qu'il devra observer. Par ce temps de froid noir, la faction sera dure, mais tenez pour certain qu'elle sera scrupuleusement faite. Ce ne sera pas sans émotions diverses que ce jeune troupier restera vigilant et attentif, pendant deux heures, au poste qui lui est assigné ; mais les camarades peuvent dormir sans crainte, ce Breton-là ne faillira pas à son devoir. « Advienne que pourra ! »

Ces scènes de patience et de douleur sont faites pour réconforter les grands cœurs et Neuville avait un vrai cœur de soldat. De son pinceau sont sortis une foule de motifs glorieux qui reproduits à l'infini par la gravure ont beaucoup fait pour défendre notre vieil esprit chauvin contre les doctrines dissolvantes des inventeurs du colonel Ramollot. Les poètes et les peintres sont les consolateurs des nations malheureuses. Nos peintres l'ont toujours compris, nos poètes et nos littérateurs l'ont trop souvent oublié, et c'est peut-être le cas ici d'exprimer le regret que la mort soit venue enlever de Neuville au moment où il allait illustrer les *Chants du soldat*, l'œuvre si patriotique et si profondément émue de Déroulède.

L'a-t-on regardé assez le *Combat sur la voie ferrée*; l'a-t-on assez admiré ? Il fallait attendre une heure et faire la queue pour bien l'examiner à son aise. Comme sujet, c'est d'une simplicité première, mais quel enlèvement d'enthousiasme ! Je ne saurais assigner une date et un lieu précis pour cette action militaire, mais certainement Neuville l'avait vue et bien vue. Les avant-postes allemands et leurs factionnaires ont été rejetés de l'autre côté de la levée du chemin de fer par une première ligne de tirailleurs, puis l'attaque s'est prononcée et on voit que l'ennemi bat en retraite sous le feu, les chasseurs à pied font merveille et à moins que l'ordre de se *retirer en bon ordre* ne soit donné, le Prussien sera débuché. Dans ces épisodes de pure invention, on retrouve presque toujours des souvenirs parisiens. Cette levée qui sort d'un petit bois, nous l'avons vue vingt fois aux environs de Paris ; je ne serais pas étonné que Neuville ait placé son combat dans les environs de Suresnes et de Saint-Cloud près de cet endroit où des mercantiles allemands avaient élevé un cabaret de circonstance sous l'invocation nationale de la *Délicieuse saucisse aux pois*. Le voisinage de la Seine qui serpente non loin de là donne à cette opinion quelque créance.

Les peintres sont des voyants. Ils ont la nécessité de condenser dans quelques types vigoureux leur idéal avec la réalité. De Neuville n'a jamais hésité, lorsque l'intérêt de son œuvre l'exigeait, à sacrifier un peu la réalité à l'idéal. C'est surtout dans la représentation des actions de force qu'il l'a fait. Entraîné par la fougue de son imagination il s'est servi alors de son pinceau comme d'un sabre pour marcher en avant. Ses types d'officiers débordent tous de vigueur et de santé ; ce sont tous des gaillards charpentés fortement et qu'on pourrait décorer de l'adjectif grec que Lancelot a traduit dans ses racines par « bon, brave à la guerre ». De plus, ils sont tous beaux, parce que le courage donne toujours une belle expression au visage ; enfin ils sont tous placés dans des attitudes convenant nettement à l'action qu'ils accomplissent, mais souvent exagérées parce que le combat exalte. Eh bien, cette idéalisation de la réalité se trouve être

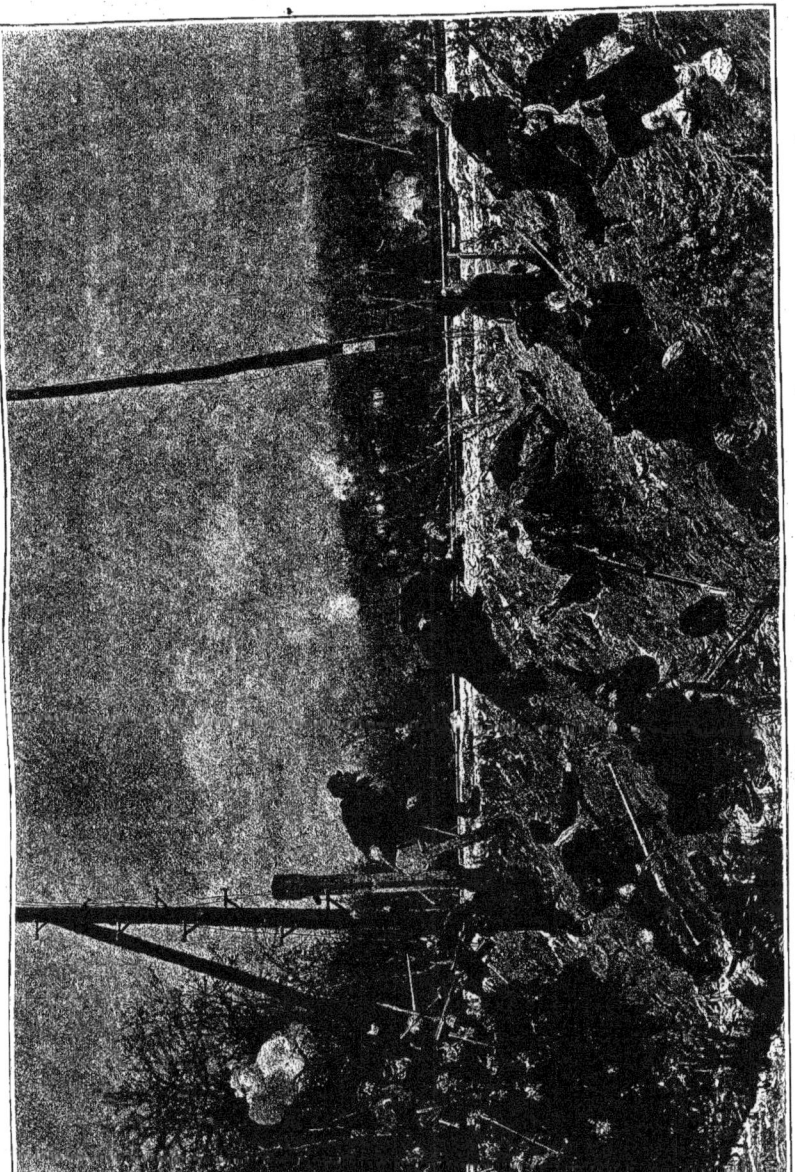

COMBAT SUR UNE VOIE FERRÉE

la vérité et les militaires, les meilleurs juges de la valeur exacte de la peinture de bataille sont tous d'accord sur ce point.

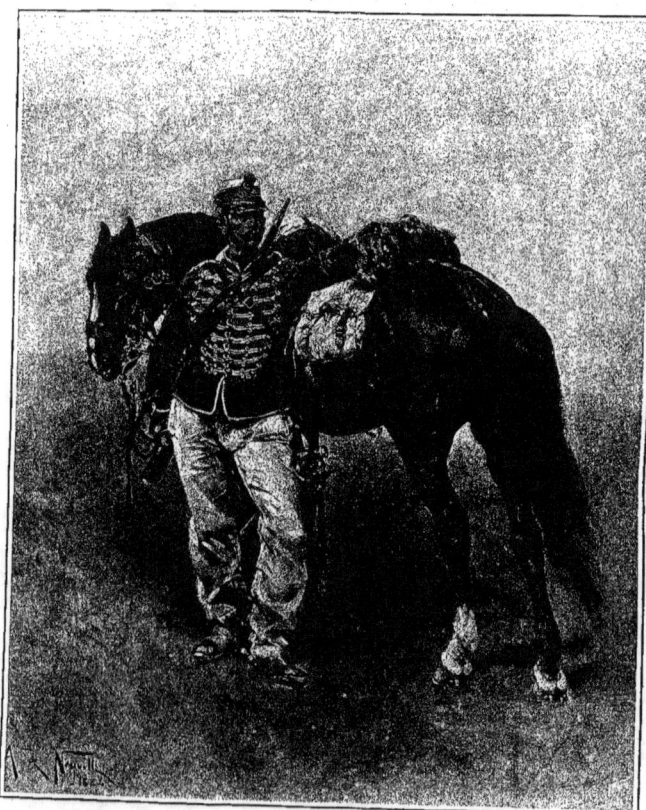

HUSSARD.

D'ailleurs de Neuville savait reposer son pinceau et délaisser l'orgie du mouvement, pour le calme le plus complet. Ce hussard nouveau modèle, en tenue d'été, est là pour le démontrer : il est au plus grand calme comme le voltigeur de l'ex-garde impériale en tenue de campagne.

Le voltigeur, permettez-moi de vous le présenter plus intimement, c'est une vieille connaissance à moi. Il est maintenant modèle chez les peintres militaires, après avoir été soldat dans la garde impériale, mais

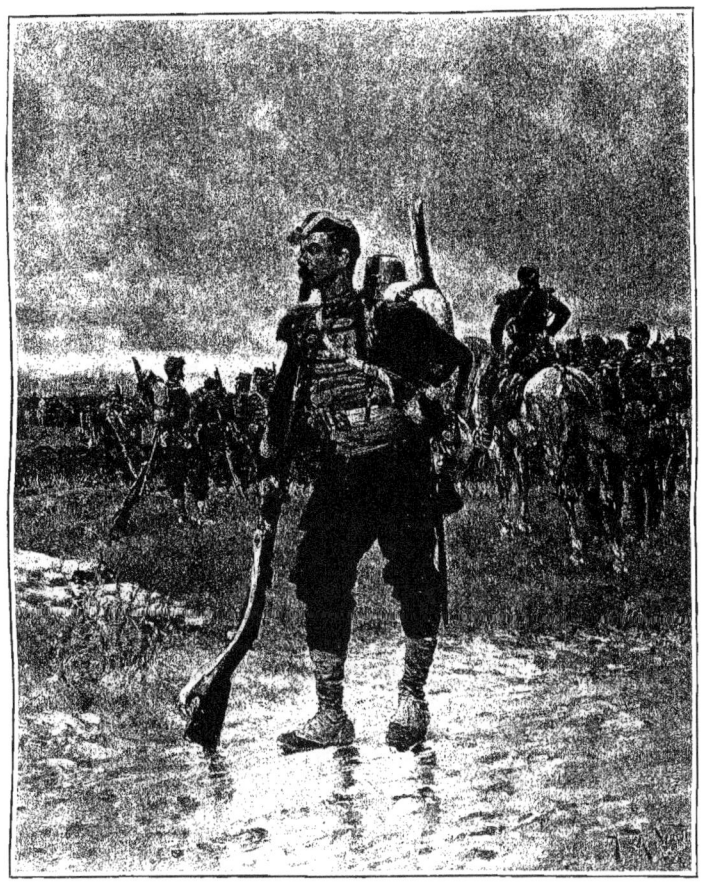

VOLTIGEUR DE LA GARDE.

dans les chasseurs à pied. Il s'y est distingué par sa manière de servir. La paix venue, il n'a pas voulu déserter l'uniforme et les a successivement endossés tous; je l'ai vu en vieux de la vieille, en zouave, en légionnaire, couchant en joue, pendant des heures entières, un ennemi imaginaire ou déployant toute sa vigueur dans un coup de baïonnette sans fin. De Neuville l'a peint au repos, sous un vieil uniforme qui lui rappelle de bien chers souvenirs, et a fait passer à la postérité les traits de ce modeste défenseur de la patrie. Car avoir son portrait par Neuville, c'est être sûr de vivre longtemps dans la mémoire des hommes. Le père

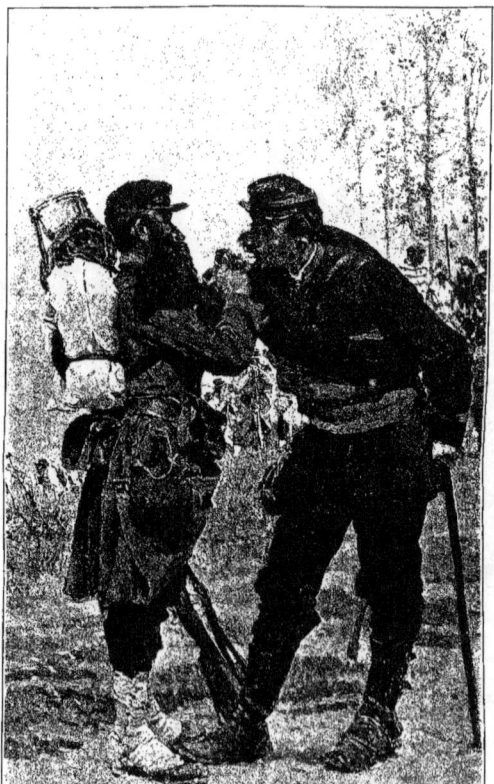

Ardelin est donc immortel et il n'en est pas plus fier pour cela, je vous le jure.

Ces *prisonniers allemands gardés à vue* dans une église ont été mis entre nos mains dans l'une des grandes batailles sous Metz; on n'y voit pas d'officiers, ont-ils été mis à part? n'y en avait-il point? je ne saurais le dire. Mais, je tiens du général G. commandant une brigade de voltigeurs sous Metz, que pendant l'un des derniers combats qui précédèrent de quelques semaines la capitulation, il arriva sur les positions allemandes avec tant de rapidité, qu'il surprit les postes avancés presqu'au complet. Il ne s'y trouvait aucun chef; le général G. expliquait cette circonstance en disant que les officiers allemands, passant devant un conseil lorsqu'ils rentraient des prisons, faisaient tous leurs efforts, quand le combat tournait mal, pour se soustraire aux mains de l'ennemi. Nos officiers, au contraire, qui ont la même origine que leurs soldats, et auxquels le règlement et les usages imposent de partager leur sort, ne les abandonnent jamais.

S'il n'y a qu'un factionnaire français pour garder tant d'allemands, il faut songer que tout le village est occupé par les nôtres.

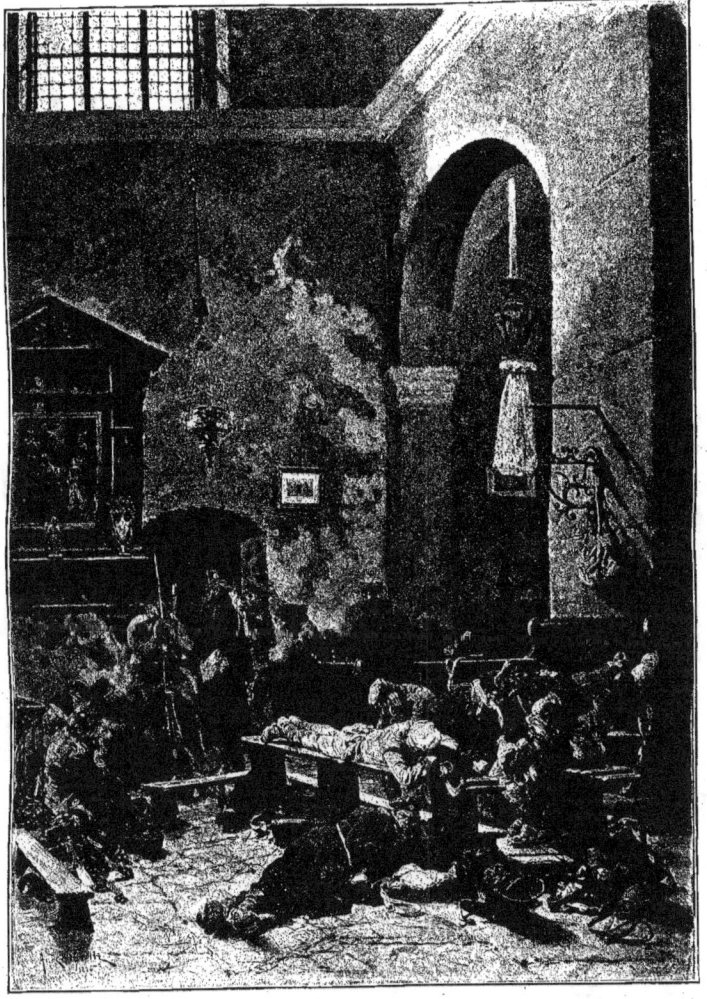

PRISONNIERS ALLEMANDS DANS UNE ÉGLISE.

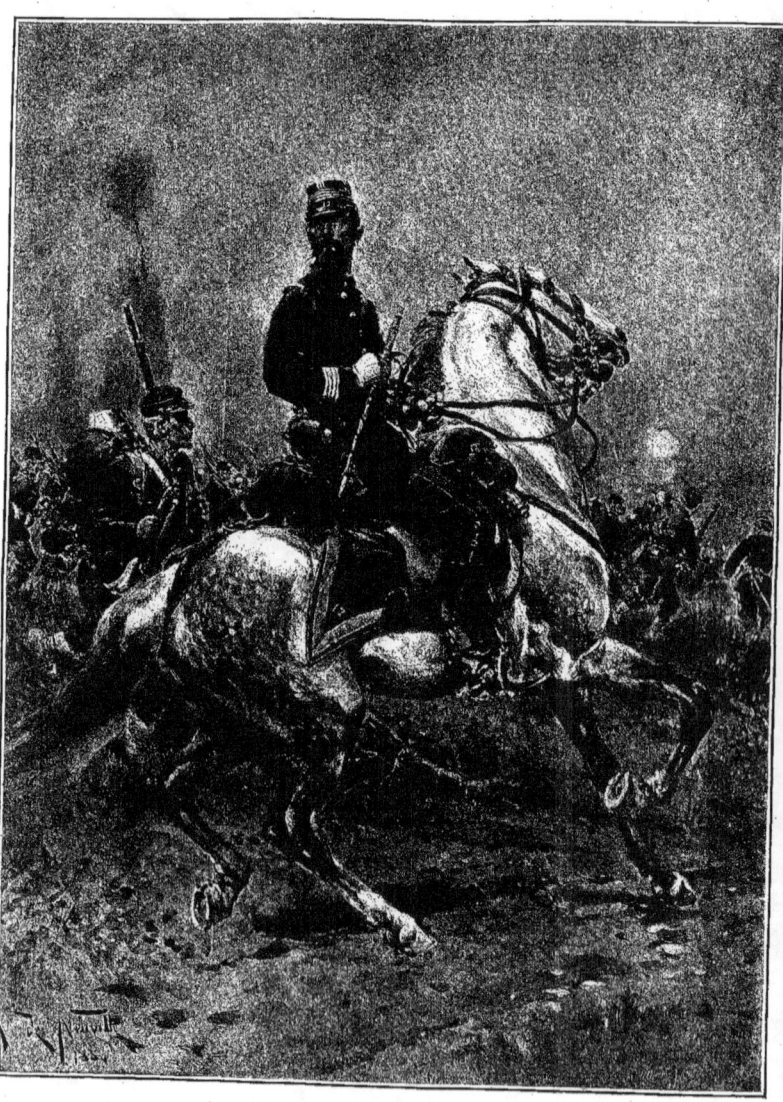

COMMANDANT DE CHASSEURS A PIED.

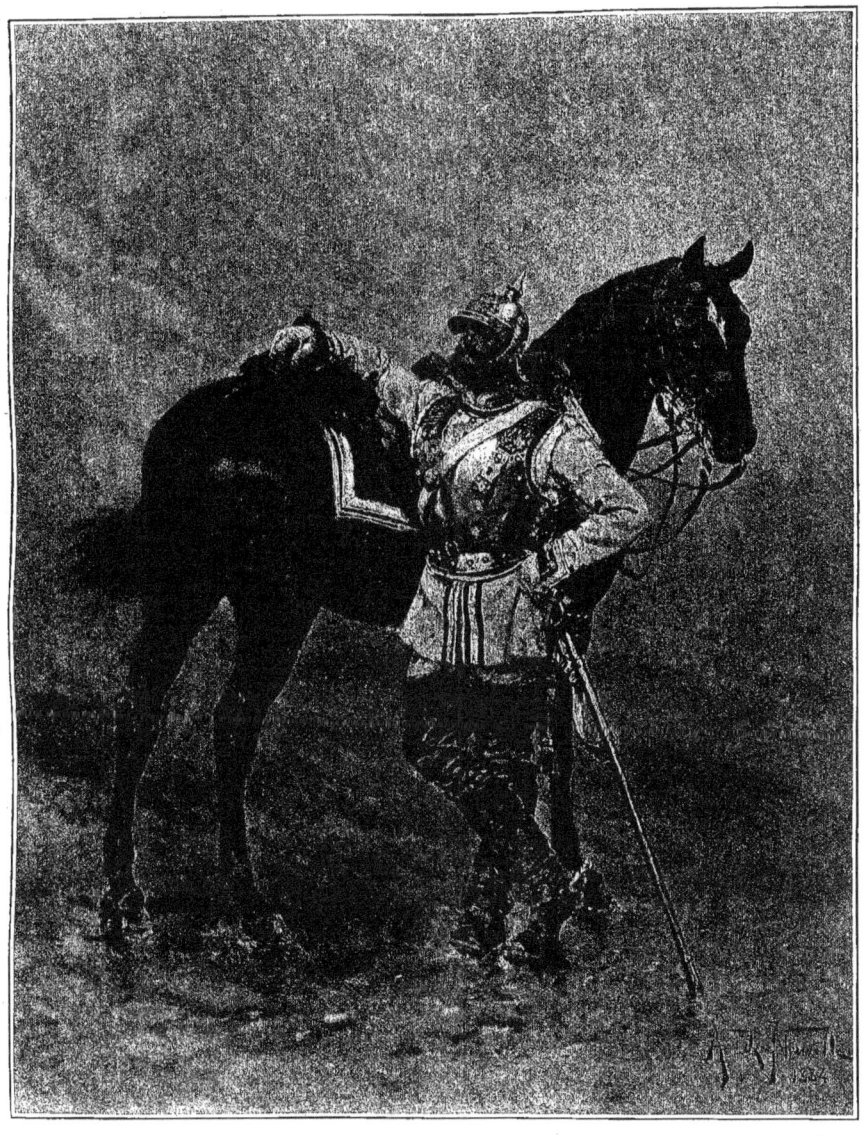

CUIRASSIER ALLEMAND

faisaient tous les efforts, lorsque le combat tournait mal pour se soustraire aux mains de l'ennemi. Nos officiers, au contraire, qui ont la même origine que leurs soldats et auxquels le règlement et les usages imposent de partager leur sort, ne les abandonnent jamais.

S'il n'y a qu'un factionnaire français pour garder tant d'Allemands, il faut songer que tout le village est occupé par les nôtres et que d'ailleurs aucun des prisonniers ne paraît mécontent de son sort.

Notre ancienne connaissance l'ex-balayeur des rues de Paris est là au premier rang, mollement étendu sur la dalle. Il y a gros à parier qu'il préfère son infortune à la gloire de porter les armes pour la patrie allemande.

Ce *Pon Pafarois* a été ramassé par les éclaireurs chargés de surveiller l'ennemi le long des flancs de la colonne en marche. Deux moblots l'amènent devant le prévôt de la Division, qui procède à son interrogatoire. Le numéro de son régiment dit d'abord le corps d'armée auquel il appartient; s'il veut ajouter quelques renseignements utiles, on les vérifie. On lui laisse ce qu'il possède après l'avoir fouillé, car ainsi que le dit si bien de Brack « sa propriété est sous la sauvegarde de son déshonneur et de notre mépris ». A la façon soupçonneuse dont le regarde le capitaine de gendarmerie, expert en ces sortes de choses, le cas du *Pon Pafarois* ne me paraît pas clair. Ce gros gars, bien portant, vigoureux, n'a pas été poussé par la misère à quitter la bonne fortune de ses camarades; car il faut le remarquer, il appartient à l'armée des vainqueurs à laquelle rien ne manque. Il n'a donc pas d'excuses prépondérantes à faire valoir, et je suis certain qu'on va l'expédier très loin du théâtre de la guerre, afin qu'il n'ait aucune tentation de retourner là d'où il vient. Le bon gendarme est certainement de cet avis : il se connaît en physionomie, il voit passer tant de monde sur les routes. L'aplomb du déserteur, sans émotion, correct dans son salut et qui tient sa pipe de porcelaine comme un sabre, ne lui dénonce rien de bon.

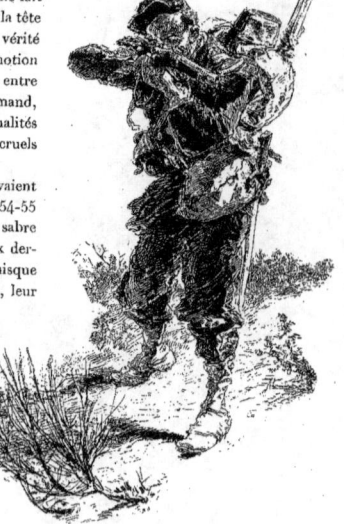

Un peintre du talent et de la science de Neuville ne fait pas systématiquement de la fantaisie; il a au cœur et à la tête une synthèse qui l'oblige à rester dans les limites de la vérité vraie; il l'a vue; il l'a sentie; elle l'a ému; il rend son émotion le pinceau à la main. Dans ce petit drame qui se joue entre le prévôt d'une colonne française et un déserteur allemand, il y a des sous-entendus qui font toucher du doigt les qualités humaines de nos imperfections militaires et les défauts cruels de la perfection de nos vainqueurs.

De 1815 à 1870, six régiments de nos cuirassiers avaient fait campagne : quatre en 1813 en Espagne, deux en 1854-55 en Crimée, sans, je crois, avoir l'occasion de mettre le sabre à la main. Ils vivaient sur les glorieux souvenirs des dix dernières années de l'Empire; mais ils en vivaient bien, puisque Mac-Mahon après la malheureuse journée de Woerth, leur demanda de sauver les débris de son armée.

« Comme à Waterloo! » leur cria le général Raoult, en les voyant s'élancer dans les rues de Morsbronn. Sans hésitation, sans même demander ce qu'ils allaient faire, ces magnifiques régiments se précipitèrent sur l'ennemi. Au pont de Mouzon, l'avant-veille de Sedan, le cinquième cuirassiers chargea au premier signe qui lui fut fait, encore pour venir en aide aux camarades; et il perdit son colonel, le brave Contenson. Ces jeunes et braves cavaliers, sous les ordres

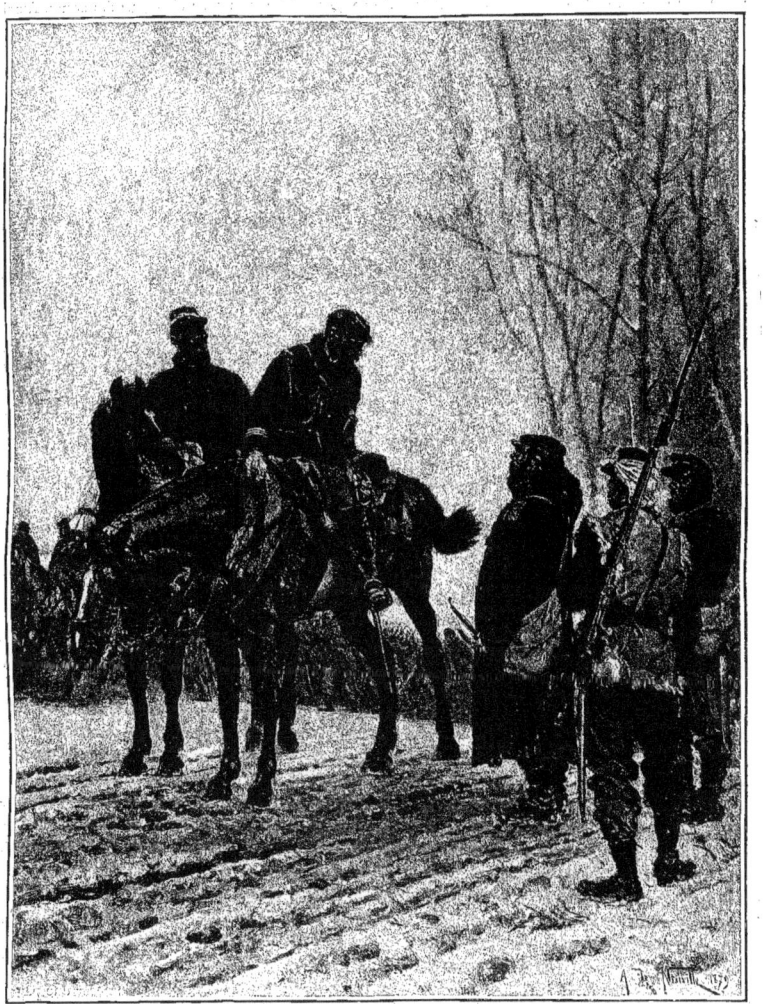

UN DÉSERTEUR

de ce vaillant, ne montrèrent qu'une crainte, celle de ne pas faire assez pour l'honneur des armes. Aussi

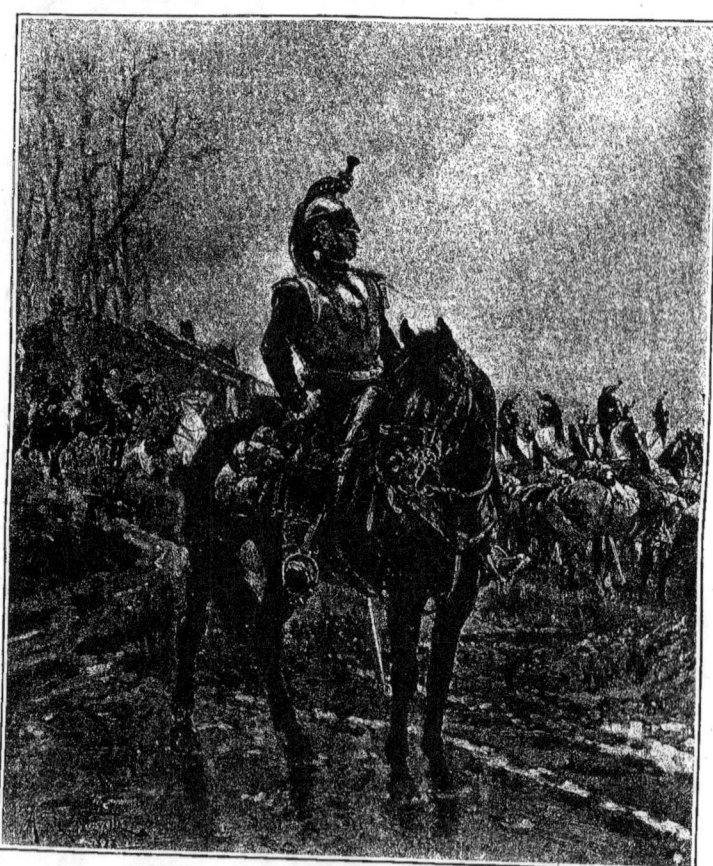

CUIRASSIER

les cuirassiers sont devenus populaires entre tous les régiments. Neuville devait leur consacrer une page, et ce lieutenant en grande tenue rappelle qu'il y a pour les soldats des défaites aussi méritoires que certains triomphes.

En route, chacun porte son fusil comme il l'entend : à la grenadière, sous le bras, sur l'épaule gauche

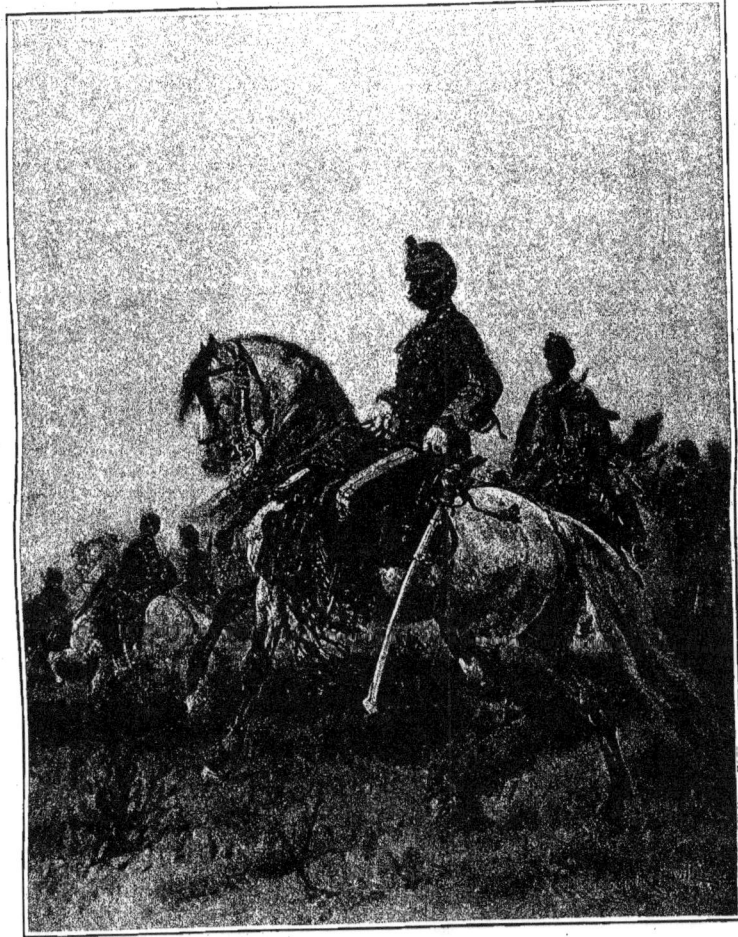

HUSSARD

ou sur l'épaule droite, ou bien encore en travers sur le haut du sac, et chacun fume ce qui lui plaît : la bouffarde, le brûle... moustaches, la cigarette ou le cigare.... Pourvu qu'on marche, pourvu qu'on ne s'écarte pas du rang, on peut causer, même chanter. Ce jeune sous-lieutenant qui s'avance la canne à la main en tête de ce peloton était encore hier à Saint-Cyr. Il est aussi grave qu'un vieil officier. Sait-il quel âge il aura le soir de cette marche ce brave jeune homme de vingt ans? Il aura peut être vécu toute sa part de vie.

Le matin de la bataille de Spickeren-Forbach, trois jeunes officiers, sortant de l'école, arrivaient à la deuxième division du deuxième corps d'armée. Un officier d'état-major fut chargé de les conduire à leurs régiments et de les présenter à leurs colonels. Le canon tonnait déjà, précurseur d'une grande bataille. L'officier d'état-major — il avait vu la Crimée et le Mexique — fronçait le sourcil. Les trois sous-lieutenants, tout à la joie de commencer leur carrière un jour de combat, disaient en chœur :

« Que c'est beau une bataille!
— Oui, leur répliqua le commandant, le soir, quand c'est fini. »

Le soir, quand ce fut fini et mal fini, — car, en 1870, cela commença par mal finir, — le général demanda à son officier d'état-major :

« Eh bien, et vos sous-lieutenants?

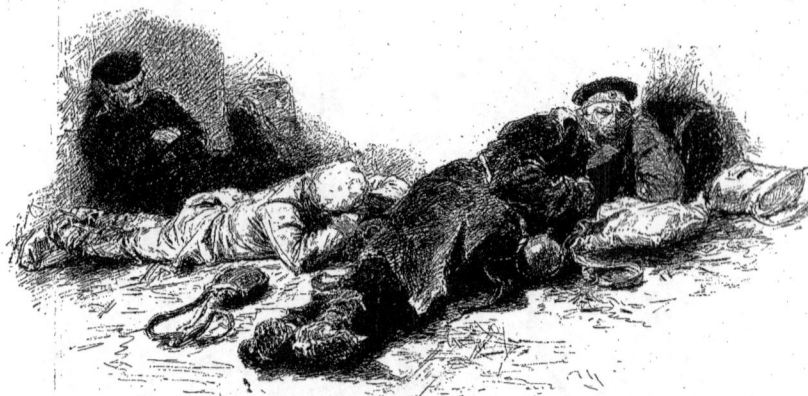

— Tous trois à l'ambulance.
— Et c'est grave?
— Je crois qu'il y en a deux qui ne s'en tireront pas. »

Voilà pourquoi il faut respecter également le jeune officier qui n'a pas encore vu le feu et le vieux général qui l'a vu si souvent. Tous les deux sont égaux devant le boulet.

Tout n'est pas joie pour le vainqueur — et c'est heureux. Une douzaine de francs lurons se sont introduits dans une maison de campagne abandonnée. D'un coup de fusil un malin a fait sauter la serrure, et la bande a pénétré dans le logis. Cossu, ma foi! de beaux meubles, des tableaux et des bibelots de prix! Mais ce n'est pas là ce qui tente les maraudeurs La clef de la cave et celle de la caisse feront bien mieux leur affaire. Le vin, on le boit sur place; l'argent, on se le partage, et s'il y a des titres ou des coupons, après la campagne, on trouvera un banquier compatriote qui à ses risques et périls les échangera contre des écus. Heureusement pour la morale, le vainqueur est surpris désagréablement et paye en nature le vin qu'il a bu et les larcins qu'il a commis. Dérangés à l'improviste, les Prussiens se défendent et vendent chèrement leur vie. A moins d'un secours inespéré, ils seront tous pris ou tués.

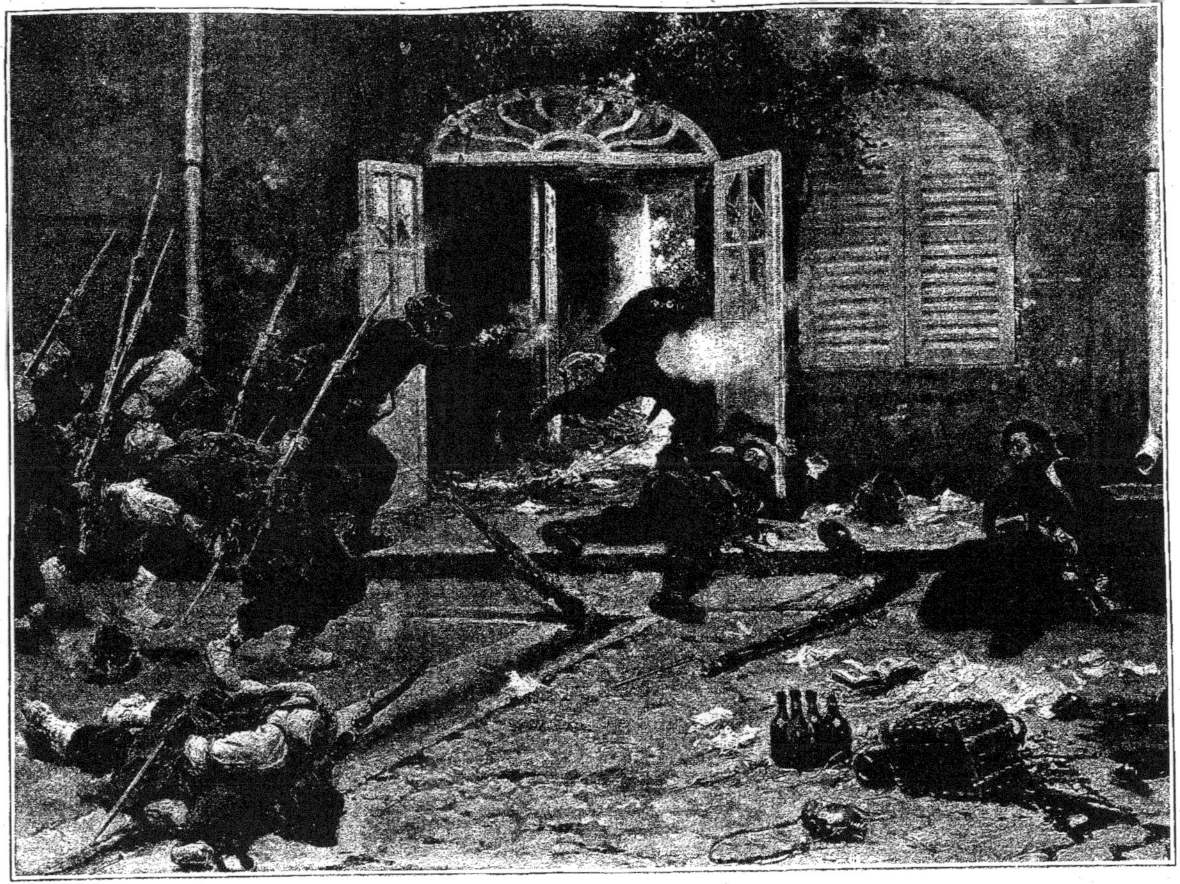

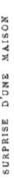

SURPRISE D'UNE MAISON

EN CAMPAGNE

Jusqu'à présent nous n'avons vu Neuville qu'aux prises avec des épisodes plus ou moins restreints de la guerre. *Longboyau* est un petit coin du champ de bataille de Buzenval; *Ladonchamps* un point minuscule du périmètre de Metz. Le combat du cimetière de Saint-Privat la Montagne nous le montre peintre d'histoire, peintre de bataille et embrassant une action complexe où les masses allemandes se développent et occupent tous les arrière-plans de sa toile. C'est dans le livre du grand état-major allemand qu'il faut vérifier l'épouvantable exactitude du combat autour de l'église de Saint-Privat la Montagne (18 août 1870), tel que l'a raconté le pinceau de Neuville.

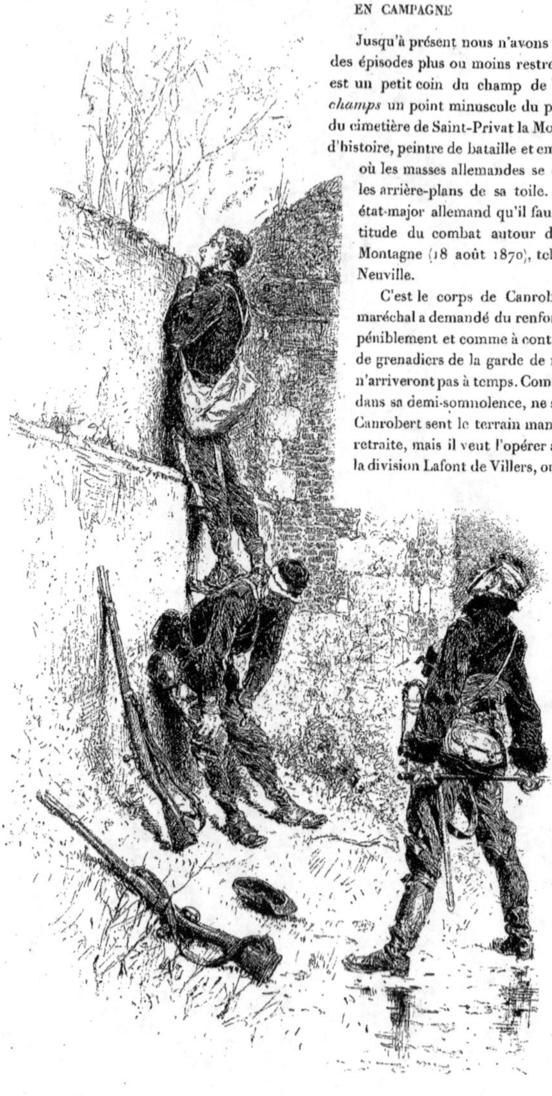

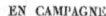

C'est le corps de Canrobert qui tient de ce côté. Le maréchal a demandé du renfort au commandant en chef, qui péniblement et comme à contre-cœur, a permis à la division de grenadiers de la garde de marcher. Mais ces braves gens n'arriveront pas à temps. Comme toujours Bazaine, engourdi dans sa demi-somnolence, ne saura pas se décider à propos. Canrobert sent le terrain manquer, il a donné l'ordre de la retraite, mais il veut l'opérer avec ordre et lenteur, et c'est la division Lafont de Villers, ou plutôt les débris des 9ᵉ chasseurs à pied, 4ᵉ, 10ᵉ et 12ᵉ de ligne, qui disputent pied à pied le sol à l'ennemi. Celui-ci prévoit déjà la victoire, mais il doit l'acheter au prix d'énormes sacrifices ; le village de Roncourt, qui lui était violemment disputé, il l'a laissé de côté ; il concentre toutes ses batteries sur Saint-Privat. Il appelle successivement la garde prussienne tout entière, la 45ᵉ brigade et le corps saxon. Les généraux, les colonels ont mis l'épée à la main et marchent en tête de leurs troupes, car les nôtres, réduits au désespoir, font rage. Le rapport allemand affirme que tout le monde fit son devoir, mais la façon dont il décrit cette mêlée

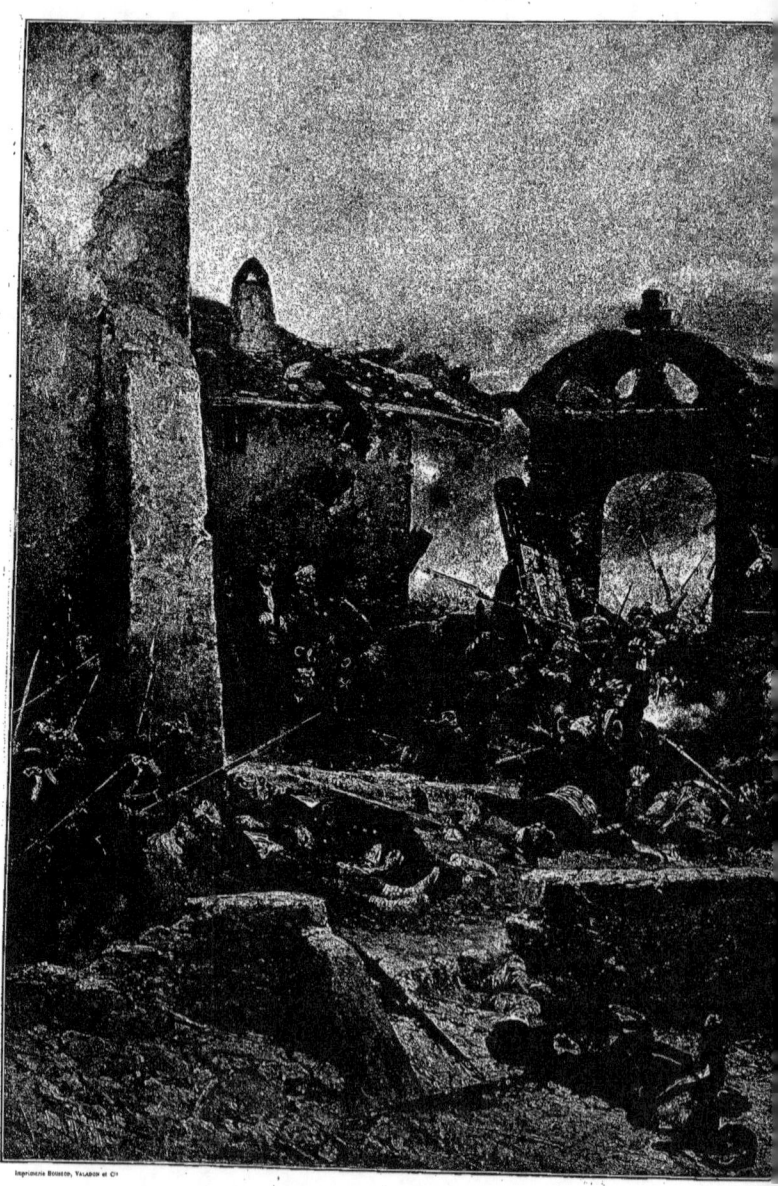

LE CIM

suprême, fait comprendre que les officiers supérieurs prirent la place des sous-officiers et qu'à cette condition seule les troupes allemandes ne se débandèrent point. « Les soldats allemands se cramponnèrent

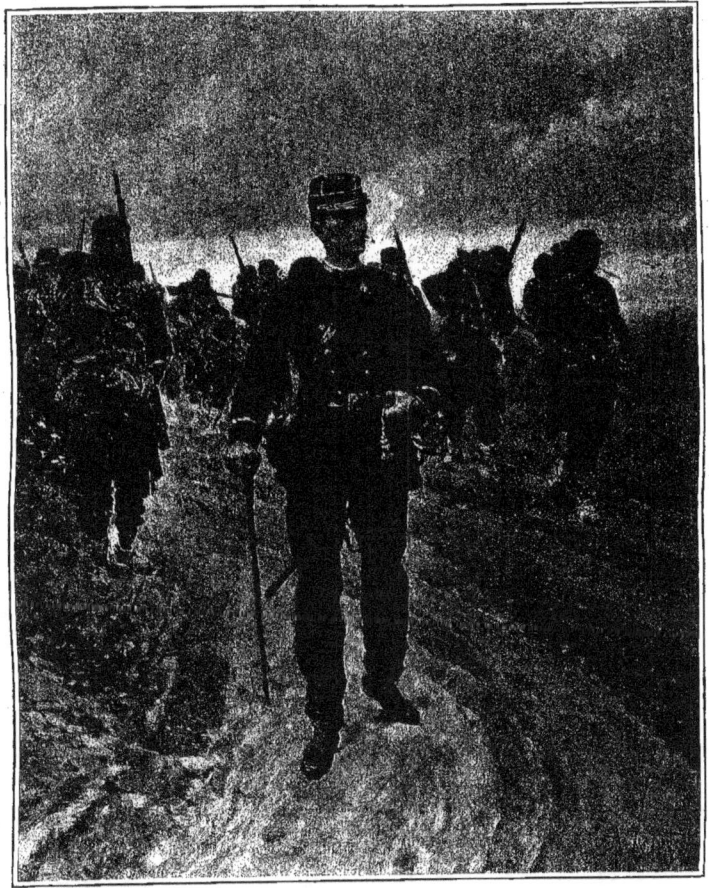

EN ROUTE

au sol » : le mot est dans le rapport. En voyant tomber tant d'ennemis, les nôtres devaient se croire vainqueurs ; mais plus ils en tuaient, plus il en venait, et à la fin il en vint tant qu'il y en eut trop. Le prince royal de Saxe en personne pressait les régiments qui arrivaient et lançait la 46ᵉ brigade, puis la 20ᵉ division.

Le jour tombait, il fallait en finir. Quand les Prussiens et les Allemands furent si nombreux qu'ils crurent n'avoir plus rien à craindre, leurs tambours battirent la charge, les clairons sonnèrent le pas de course, mais cela ne suffit pas pour les entraîner, il fallut encore que le général de Craushaar se fît tuer dans les rangs du 101ᵉ pour l'enlever. Les défenseurs du cimetière ne laissèrent approcher l'état-major du général Pape que lorsqu'ils n'eurent plus de munitions et que la petite église au pied de laquelle ils luttaient, allait les ensevelir sous ses ruines. Ainsi finit la bataille de Saint-Privat, qui avait mieux commencé.

Le rapport prussien ajoute qu'à la fin de la journée nos officiers lassés tendaient leurs sabres par les fenêtres et qu'on ramassa 2000 prisonniers qui avaient cessé de se battre. Plus juste, le roi Guillaume avait télégraphié le soir à la reine Augusta : « Ma garde a trouvé son tombeau devant Saint-Privat. » Nos officiers et nos soldats ne sont tombés entre les mains de l'ennemi que lorsqu'ils furent entourés par lui et dans l'impossibilité de lui nuire. Si Canrobert avait été secouru à temps, jamais les Allemands n'auraient franchi Saint-Privat. Les précautions qu'ils avouent avoir prises pour aborder nos derniers débris prouvent que le silence des vaincus avait encore quelque chose de redoutable.

Les Français ont eu de longues années de victoire ; jamais ils n'ont consenti à dénigrer leurs ennemis abattus. Napoléon Iᵉʳ — la plus haute personnalité militaire des temps modernes — a toujours respecté les vaincus et rendu hommage au courage malheureux. La toile de Neuville, en face du rapport allemand, restera la plus sainte émanation du patriotisme guerrier qui nous a faits si généreux dans la victoire et qui protège encore notre honneur militaire dans la défaite.

Les Dernières cartouches! — Ce fut cette toile qui établit définitivement la popularité de Neuville et le fit d'un seul coup grand peintre. On a conservé telle qu'elle était la maison où s'est passé l'épisode qu'elle représente. Elle est sacro-sainte autant que le tableau de Neuville, dans la mémoire des patriotes. Plusieurs officiers se sont disputé la place de l'officier blessé. Pour moi, l'intérêt du tableau n'est ni dans l'officier, ni dans l'admirable décor militaire du fond, ni dans les tirailleurs tirant leurs dernières cartouches ; il est tout entier dans le soldat de marine qui, son fusil brisé, ses munitions consommées, debout devant le lit où l'un de ses officiers râle, attend l'arrivée de l'ennemi.

Il a bien jugé la situation, c'est un gars sans peur, il l'a prouvé à la bataille ; il n'a plus confiance que dans sa force physique et il attend. Le premier Bavarois qui entrera dans cette chambre, tombera étranglé par ce taureau résolu, acculé, concentré sur lui-même et dont rien désormais n'arrêtera l'élan qu'une balle au cœur.

Les grands artistes de la statuaire antique nous ont laissé des bronzes personnifiant tel sentiment ou telle vertu ; ils aimaient l'allégorie, qui plaisait aux habitudes philosophiques de leurs contemporains. Notre tendance réaliste depuis quatre-vingts ans écarte nos artistes de ces compositions quintessenciées. Par un effort puissant de réalisme presque sublime, Neuville est arrivé à faire de cet humble troupier la personnification du désespoir militaire, de la détermination finale la plus arrêtée. Dans l'officier, il y a encore la pose suprême de l'homme comme il faut qui veut en imposer — même dans la mort — à ses inférieurs et à l'ennemi. Dans l'attitude du soldat il n'y a que la nature, la vérité, la simplicité. Comme mouvement et passion interne et silencieuse, je n'ai jamais rencontré autant de puissance. C'est classique à force d'être vrai ; c'est épique à force d'être peuple. Oh ! celui-là ne pense ni à ses inférieurs, ni à ses supérieurs, ni à Dieu, ni au diable, ni à sa pauvre mère, ni à la femme qu'il aime. Il pense en dedans qu'il faut qu'il en tue un et il en tuera au moins un.

C'est à Bazeilles que s'est passé cet épisode de la bataille de Sedan. L'infanterie de marine faisait partie du douzième corps et tenait tout le village. Des ordres et des contre-ordres motivés par les changements survenus dans le commandement en chef contribuèrent à compromettre sa situation. Mais cette belle troupe, à laquelle on contestait encore des qualités égales à celles de l'armée de terre, conquit ce jour-là une renommée immortelle. On dira : les fantassins de marine à Bazeilles, comme on a dit : les dragons en Espagne et les cuirassiers à Waterloo.

Le lendemain, à l'appel des quatre régiments, sur huit mille cinq cents hommes présents la veille il

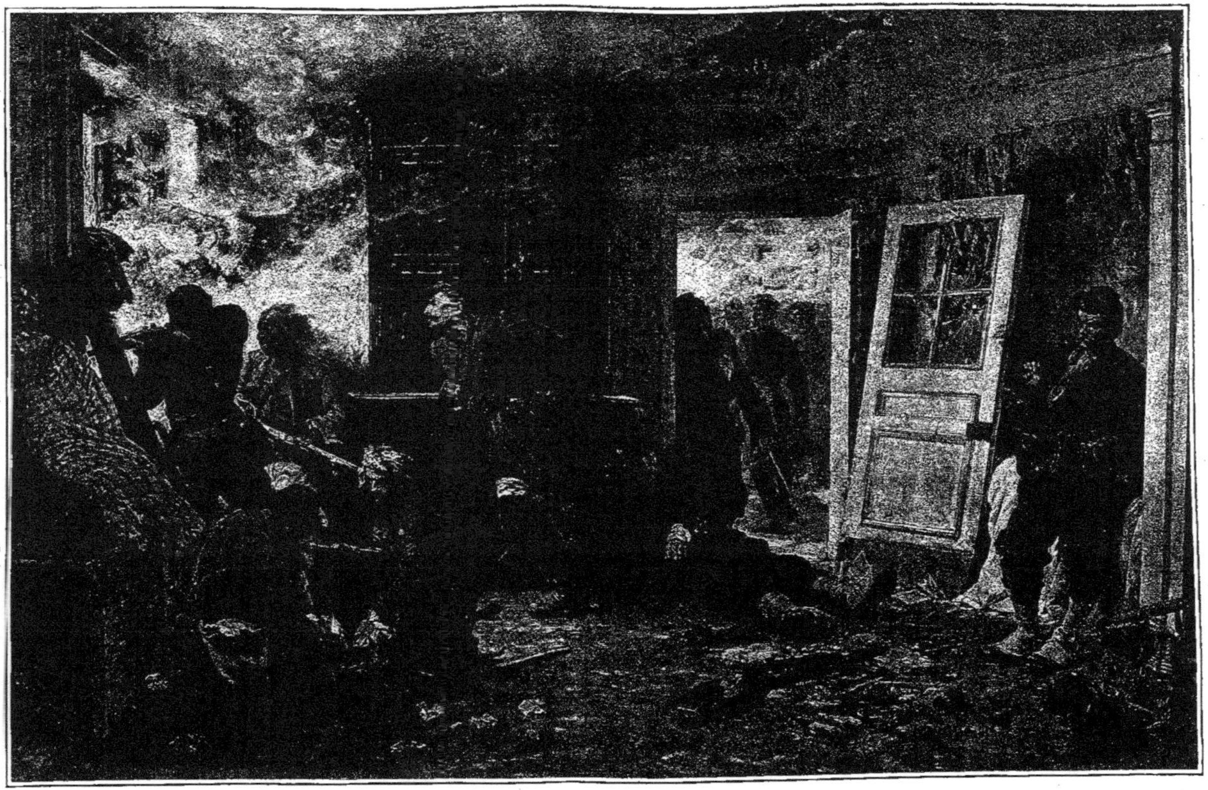

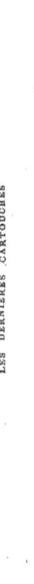

LES DERNIÈRES CARTOUCHES

manquait, tués, blessés ou prisonniers : cent officiers, deux cent treize sous-officiers; deux cent soixante-quinze caporaux, deux mille soixante-sept soldats. Plus d'un homme sur quatre!

Les grands dévouements inspirent les chefs-d'œuvre. La magnifique attitude de la division Vassoigne pendant la matinée du 1ᵉʳ septembre 1870 était digne de fomenter chez un artiste comme Neuville le désir d'en fixer le souvenir. Or, on ne saurait trop le répéter, c'est par nos peintres que le peuple connaît l'histoire des premières batailles de 1870. On n'a pas encore écrit sur elles un livre populaire impartial et méritant d'être lu. Les livres techniques sont trop chers et rebutent les lecteurs. C'est ainsi qu'on a laissé vivre tant d'erreurs grossières que je n'ai point mission de rectifier ici. Dans le cas présent, au contraire, la légende est conforme à l'histoire, car le jour de la bataille de Sedan, où les soldats français se battirent bien, l'infanterie de marine mérita les éloges de l'ennemi.

Cet officier de hussards appartient à une race idéale qui avait dû être un instant, dans l'esprit de Neuville, le prototype de la grâce militaire, avant qu'il eût vu la guerre, de ses propres yeux vu. Dans le fantassin de marine, sur lequel je m'appesantissais tout à l'heure, il est arrivé à une intensité formidable de sentiment, de force, de sublime sauvage et irrité par l'accumulation des observations vraies. Il me semble, par contre, que l'officier de hussards qui le suit ne vit que de conventions élégantes. Certainement Neuville a été le peintre des fantassins encore plus que celui des cavaliers; certainement aussi, il le savait bien, car on n'arrive point à sa hauteur de talent sans mesurer exactement ses forces et ses faiblesses. Mais il a été surtout le poète des grandes émotions de la guerre et des douleurs de la défaite; il n'était pas celui des belles revues et des défilés, pas davantage des cérémonies militaires. Ainsi j'ai remarqué qu'il saisissait parfaitement et presque exactement le débraillé de la campagne et qu'il lui était impossible de se tenir dans les limites de l'uniforme réglementaire pour ses soldats et officiers hors de la guerre. Pour peu qu'une visière le gênât, il la modifiait, si un liséré ou un brimborion quelconque lui semblait devoir produire un bon effet, il l'ajoutait crânement. Je ne lui en fais aucun reproche, mais je constate que ces arrangements de peinture ne se présentaient jamais sous son pinceau lorsque son cœur était véritablement empoigné par la situation. Dans le soldat agissant, il voyait vrai; dans le soldat paradant, il voulait voir beau. Les critiques d'art ne sentent pas ces choses-là, mais le public qui ne cherche pas la phrase les souligne. Et j'ai souvent surpris cette remarque dans la bouche du premier venu arrêté au Salon devant les tableaux de Neuville. Le public s'attacha donc surtout à ses œuvres patriotiques, et après *la Dernière cartouche*, un de ses plus beaux succès fut la scène intitulée *De Montbéliard à Strasbourg*.

La diplomatie interdit, affirme-t-on, l'entrée du palais de l'Exposition universelle à ce tableau. Je ne le crois pas; je me figure plutôt que notre gouvernement, qui avait négocié dans le but que l'Allemagne fût pour le moins représentée dans la section des Beaux-Arts, ne voulut permettre dans notre section aucune allusion à nos défaites de 1870-1871. Il est de mauvais goût de prêter trop de ridicules à ceux qui nous ont vaincus; c'est bien assez de leur reprocher, comme le fait Neuville, d'avoir voulu d'un seul coup arrêter chez nous, tout ce qui constitue la vie d'un peuple civilisé. Et en effet ces fusiliers allemands, ces sujets d'une nation qui raisonne volontiers platoniquement de toutes les doctrines et de toutes les philosophies, traînent sur la route de Montbéliard à Strasbourg les représentants des trois grandes idées qui mènent aujourd'hui l'humanité :

Le maire, l'incarnation de la loi, fixant les rapports du citoyen avec l'État;

Le curé, le lien entre l'homme et les pouvoirs surnaturels qui mènent le monde;

Enfin le piéton, le postier, l'humble personnification des relations humaines, du commerce, de l'amitié, de la famille.

Le maire a résisté dans l'intérêt de ses administrés; le curé a prêché l'amour du pays; le piéton a porté en secret quelques lettres à la ville voisine. La guerre est étrangère à tout cela, mais avec un peu de bonne volonté — et la logique allemande n'en manque pas — on peut prouver que tous ces actes sont des crimes contre le vainqueur. C'est à la *commandature* de Strasbourg que cela se jugera définitivement; et là, la clémence du vainqueur enverra en Prusse ces trois hommes comme prisonniers d'État!!!
La force prime le droit.

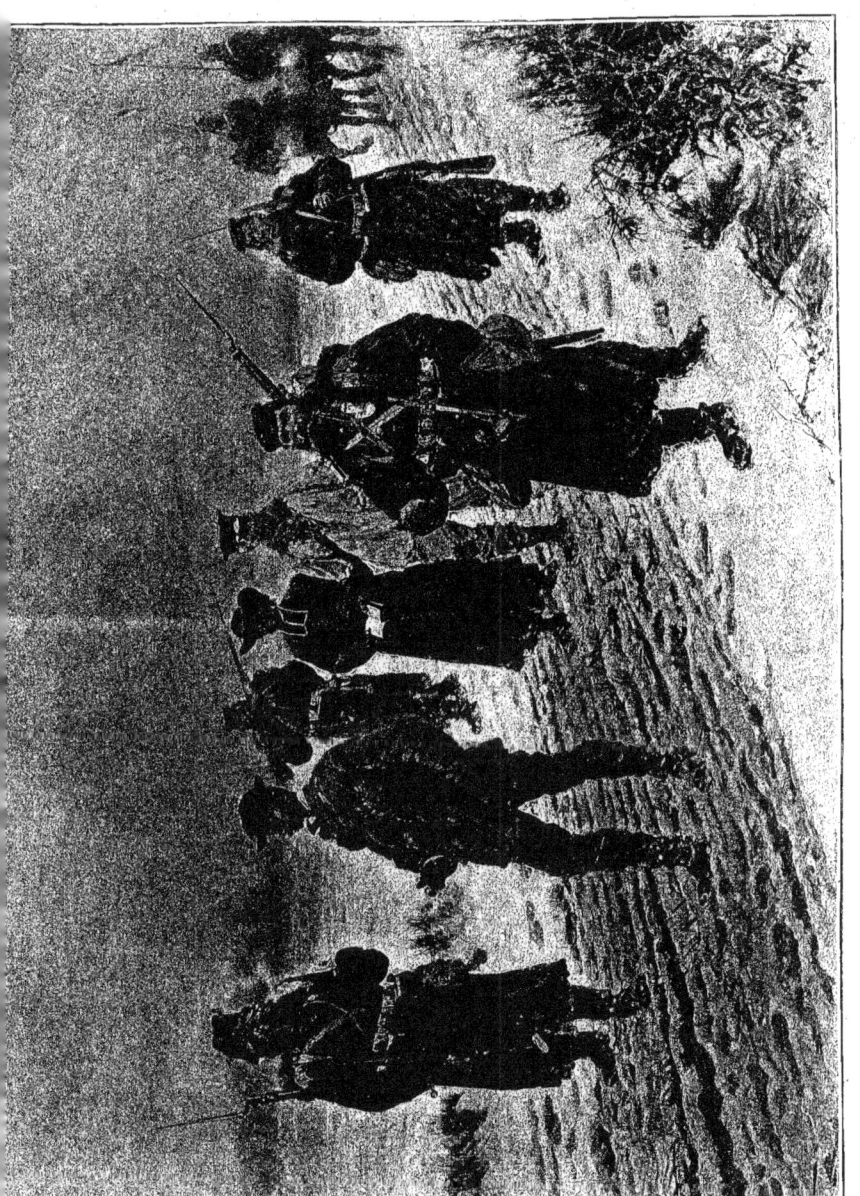

LES OTAGES

Jamais on n'avait fait la guerre ainsi. On avait bien pillé un peu les maisons, houspillé les maris et

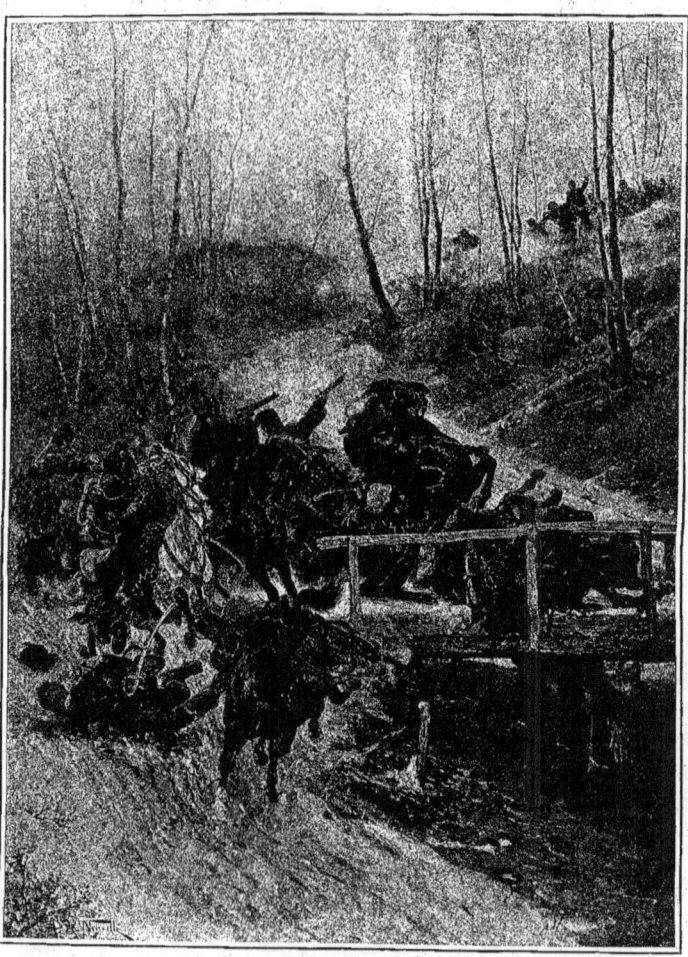

EMBUSCADE

caressé leurs femmes; mais jamais on n'avait organisé l'occupation militaire d'un pays comme l'ont fait les Allemands, d'après les principes de leur immortel Clausewitz auquel ils ne reprochent qu'un peu trop de poésie. Cette méthode leur a si bien réussi qu'aujourd'hui elle s'est introduite dans toutes les armées d'Europe. Ils sont devenus en quelque sorte les classiques de la guerre, les créateurs de la

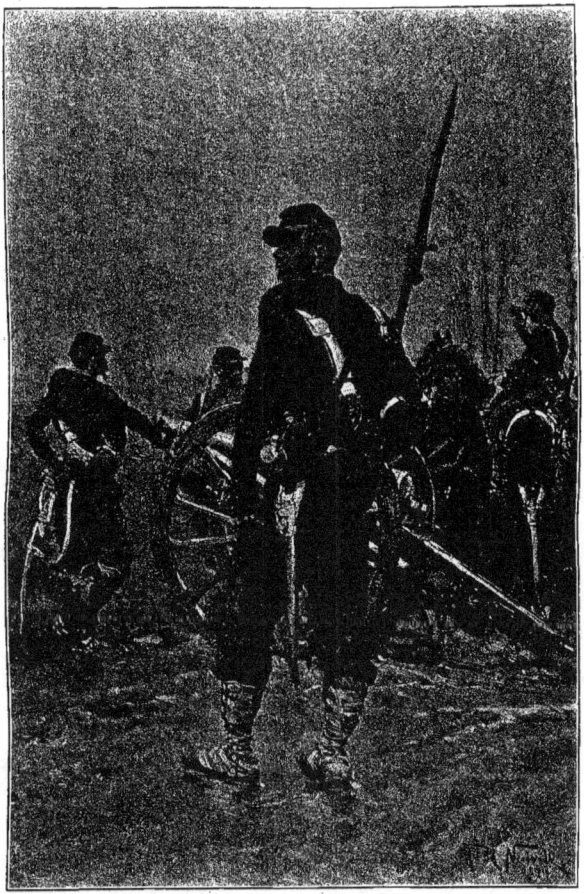

ARTILLEUR

science nouvelle. Dieu veuille qu'on l'applique le plus prochainement possible à nos vainqueurs ! Neuville, pour rendre la scène plus frappante encore et montrer le contre-sens de ce peuple philo-

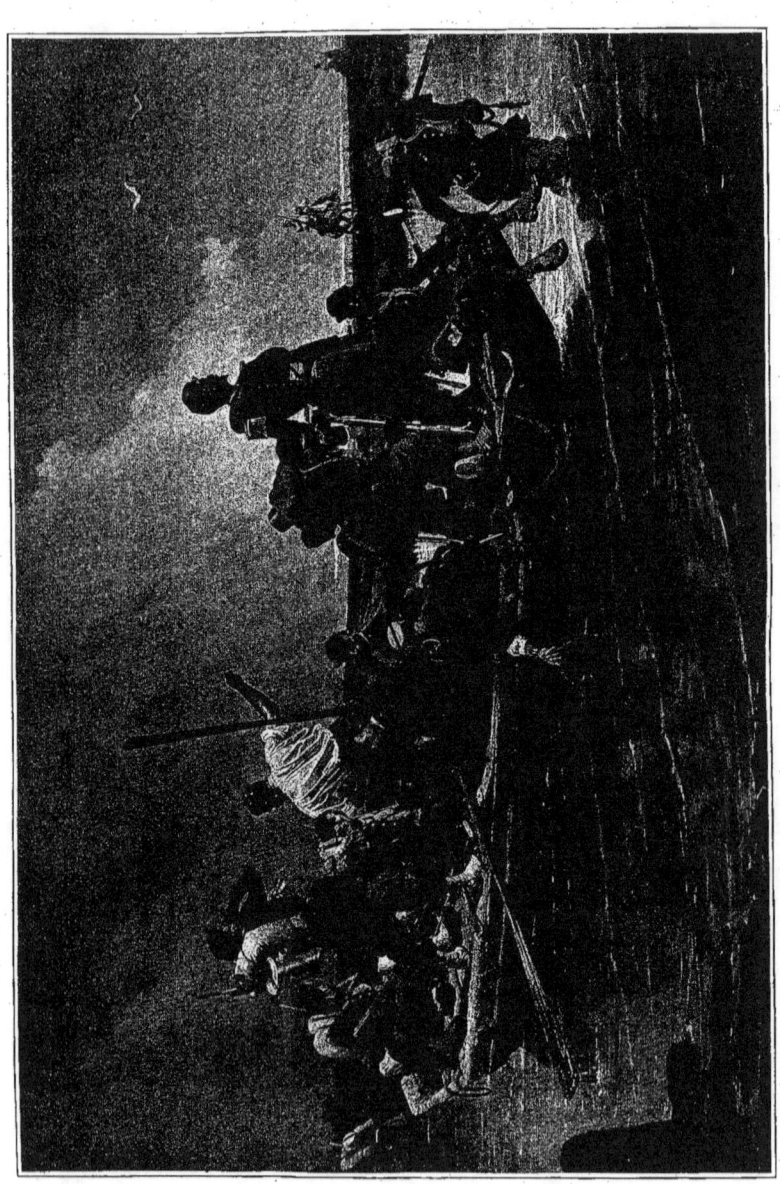

ÉCLAIREURS D'AVANT-GARDE

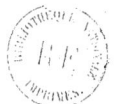

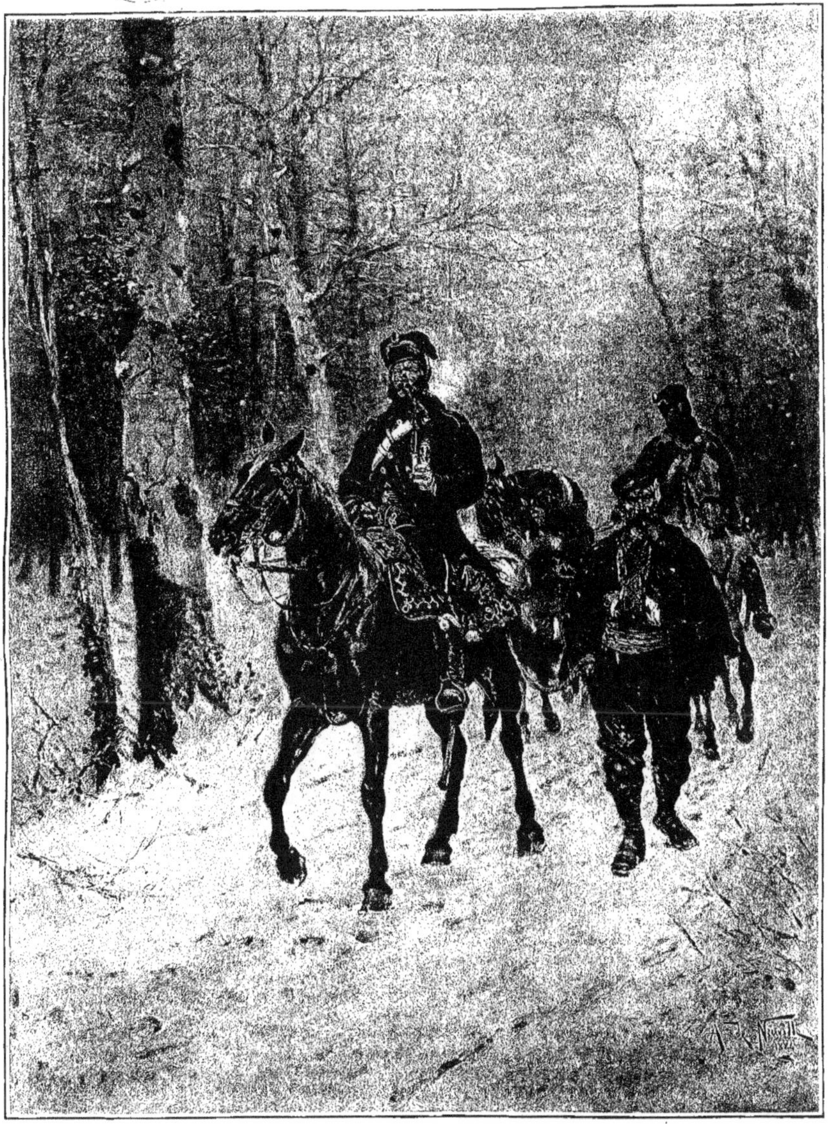

CAPTURE DIFFICILE

sophe, poussant l'abus de la force militaire jusqu'à la négation du droit civil et du droit des gens, a dessiné parmi les Landwehriens allemands la silhouette d'un homme à lunettes, qui, dans sa pensée, devait représenter toute la doctrine hégélienne; peut-être même est-ce un professeur de droit ou de philosophie. Il l'a isolé dans un abîme de réflexions afin qu'il ne parût pas étonné de la besogne qu'on lui fait faire, pour sa patrie et pour son roi. Quant aux prisonniers ils sont déjà vengés. Le maire, M. Charles Lalance, est impassible et digne; il a derrière lui son pays et la civilisation; le prêtre, l'abbé Chaumet, aumônier des mobiles de la Charente, récite son bréviaire, aussi tranquille sur la route que dans son église : Dieu est partout! Pour le vieux dragon Vuillier, mutilé, qui sert de facteur à la commune, c'est une étape de plus. Son air narquois dit assez que, pendant ses trente ans de service, il n'a jamais fait une pareille conduite!

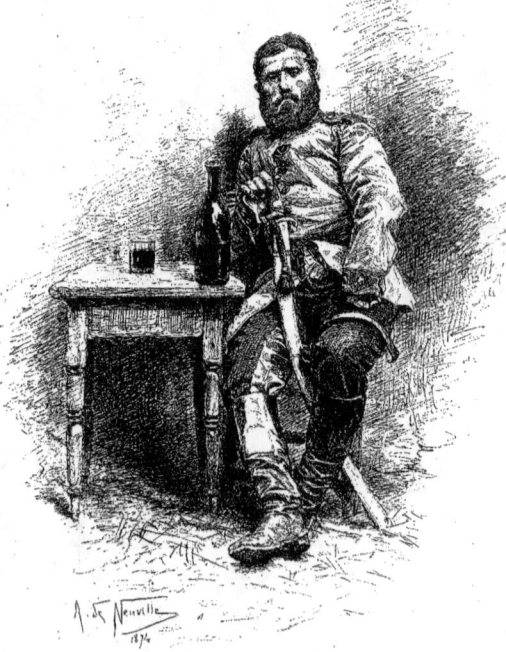

Voici de nouveau un cavalier et je ne répéterai pas, en le comparant avec le servant d'artillerie à pied, la théorie que j'ai décrite tout à l'heure. Ce capitaine de dragons appartient, on le voit, au genre fantastique ou plutôt fantasque qu'adorait Neuville lorsqu'il traitait des cavaliers. Il est tout crinière et tout nerfs. Ce servant placé en arrière de sa pièce a, par contre, toutes les qualités de force requises chez l'artilleur. Ouvrier dans le fer ou le bois avant d'entrer au service, il a conservé ces attitudes robustes que gardent volontiers, même au repos, les hommes habitués aux plus dures fatigues.

Quand on a un peu observé les soldats on sait qu'un artilleur, même à pied, n'a jamais ressemblé à un fantassin; ni un fantassin à un artilleur. Neuville, qui possédait complète la science du troupier — car pour être peintre militaire il faut connaître l'armée comme un officier — n'aurait jamais confondu ces deux natures d'homme, et jusqu'au sous-officier chef de pièce, qui au second plan, *houzarde* avec son sabre de cavalerie et ses éperons, tout est merveilleusement achevé dans cette petite scène de calme avant l'orage.

La planche qui suit nous recule de dix années, à la campagne d'Italie. La date de l'œuvre ne l'indiquerait pas que la tenue des chasseurs, leur armement et leur équipement le diraient. On le reconnaîtrait également à bien des petits détails qui prouvent que Neuville n'avait pas encore vu la guerre et se la

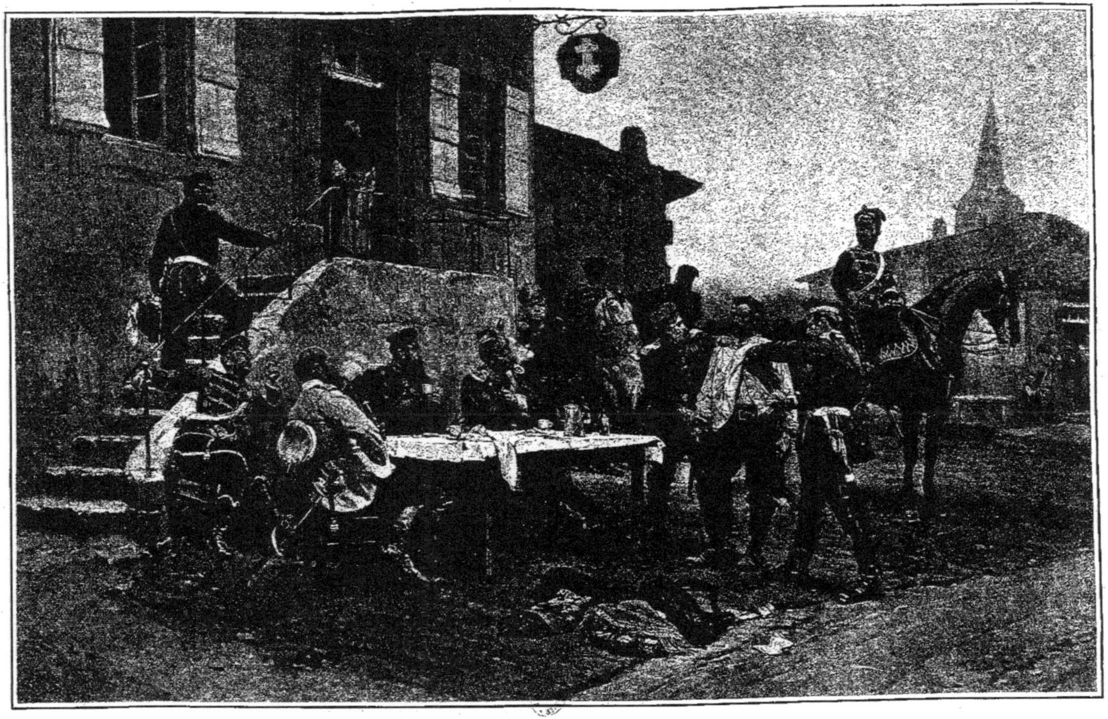

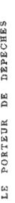

LE PORTEUR DE DÉPÊCHES

représentait beaucoup plus théâtrale et beaucoup moins tragique. Certes, il y a des qualités, et de nombreuses, dans cette composition, mais ces éclaireurs d'avant-garde, tout gentils qu'ils soient, n'ont pas du tout l'air d'être pénétrés de la mission qu'ils remplissent. Celui qui crie à tue-tête, sans que son officier, pour le faire taire, quitte sa pose à effet, éclaire l'ennemi bien plus que ses camarades.

Ce qui prouve qu'il faut avoir vu pour être vrai — et que savoir incarner l'idéal dans la réalité est le fin du fin de l'art.

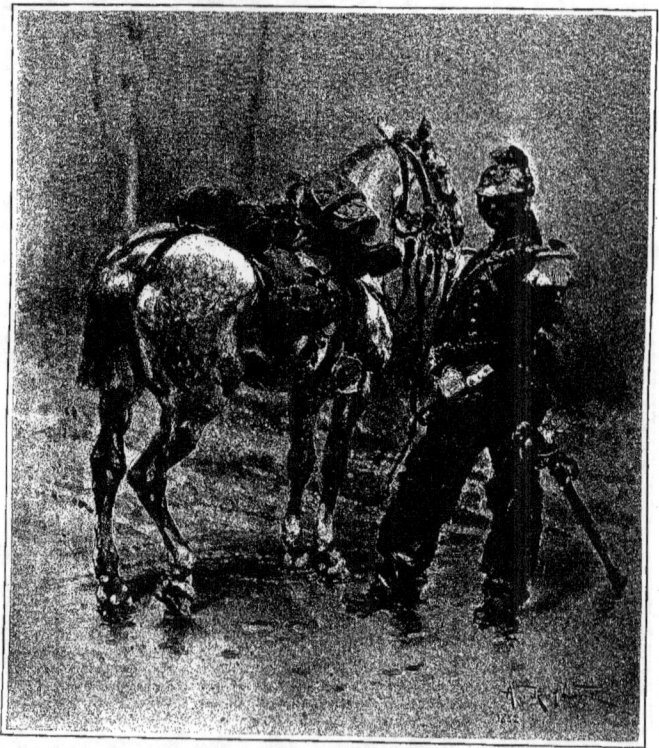

TROMPETTE DE DRAGONS

Nous avons été vaincus en 1870-1871 — battus partout. Il vaut mieux en convenir noblement que de chicaner sur quelques journées un peu moins malheureuses que les autres. Nous avons été vaincus et battus, mais nos ennemis, encore plus par leurs actes que par leurs aveux, ont pris soin de constater le courage de nos vieux soldats et la vitalité de certaines de nos populations.

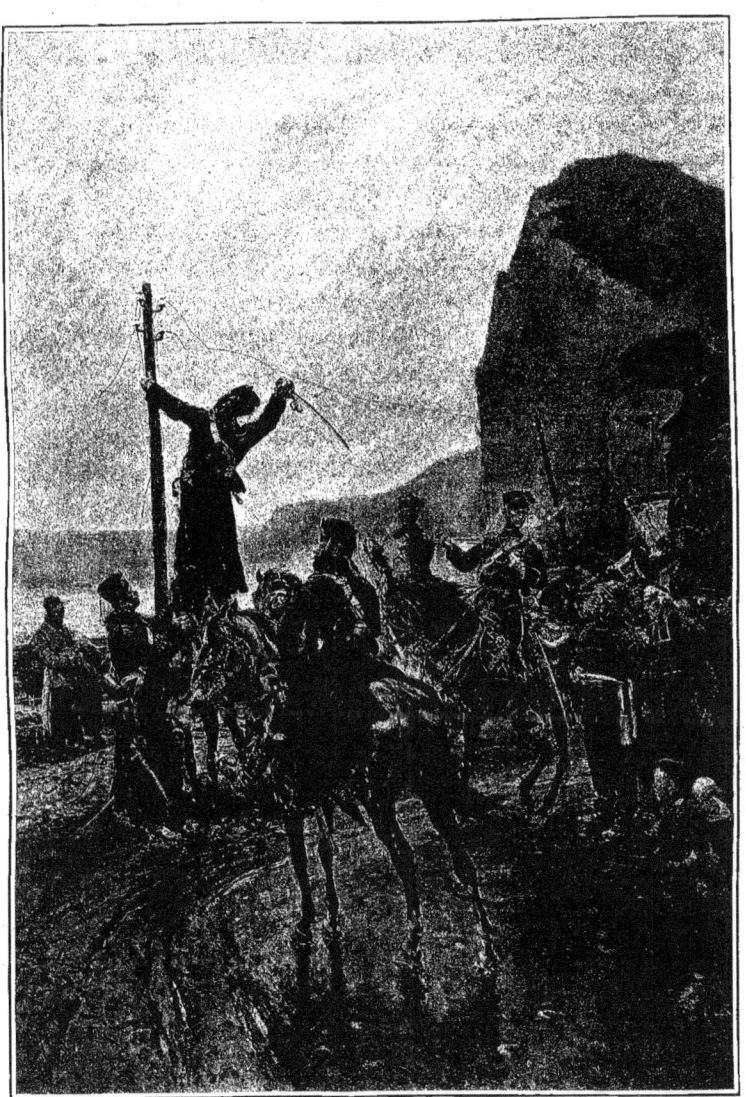

DESTRUCTION D'UN TÉLÉGRAPHE

Il sera fusillé, ce brave franc-tireur qui a tiré sur un hussard allemand, au coin d'un bois; le brigadier prussien l'a attaché avec une corde, ce qui ne se fait que pour les criminels, — il sera fusillé. Il le faut pour rassurer le hussard mélancolique qui ramène sur un cheval de main son camarade mortellement frappé. Oui, il sera fusillé cet ancien militaire dont le cœur s'est réveillé à l'appel de la patrie envahie; il sera fusillé, malgré le droit de la guerre qui garantit la vie des prisonniers, malgré le droit des gens qui permet à toute nation envahie de se défendre et ne distingue pas le soldat volontaire du soldat de profession. On aurait pu le tuer au moment même où on l'a pris, ou plutôt l'achever car il a été blessé dans la lutte, — mais cela n'aurait pas suffisamment intimidé le pays; on le traînera ainsi de poste en poste, de village en village jusqu'au moment où il se rencontrera un officier bien imprégné de la saine doctrine, qui dira enfin : Qu'on le fusille !

Et ce brave homme qui n'a pas de nom, qui s'appelle le peuple, tombera en criant : Vive la France ! Mort à la ...., et les balles ennemies lui cloueront dans la gorge son dernier cri de haine. Ce cri sera enseveli dans la terre avec lui; mais un jour il en sortira comme une moisson de souvenirs.

La toile qui suit représente le militarisme allemand dans ses occupations favorites. Traiter les affaires sérieuses, en prenant le café et en fumant, après avoir sablé le champagne et savouré les autres vins de France. Les idées sont plus fermes, plus nettes, le cœur est cuirassé contre toutes les défaillances ; et l'excuse de ces juges sans pitié qui vont envoyer ce brave homme au mur est dans les bouteilles vides que remonte ce domestique militaire — placé au second plan, mais qui souligne la note philosophique du tableau.

Autre douleur glorieuse! le fait est des plus simples. Une petite patrouille du réseau de hussards allemands, qui bat l'estrade autour de Metz investie, a rencontré un paysan à l'allure décidée qui, la carnassière au dos, la valise de serrurier passée sur l'épaule, suivait la grande route. Elle l'a arrêté, questionné, car tout cavalier allemand — esprit de nature — flaire un espion, un *émissaire* sous l'homme le plus inoffensif qui passe. Or celui-là n'a pas l'air inoffensif : coiffé court, le visage rasé et la moustache correcte, il sent le chasseur à pied d'une lieue à la ronde. Son œil froid, résolu, sa façon brève de répondre confirment les soupçons : c'est un soldat, c'est un émissaire.

« Cela regarde l'état-major! » dit le brigadier, et il le conduit à l'auberge de la Croix-de-Lorraine. Et en effet, l'état-major ne peut se trouver que dans le meilleur hôtel du pays. Là on boit, on mange, et chez les militaires de tous les pays, la longueur des repas tue l'ennui, et comme à la guerre il faut toujours tuer quelque chose, on le tue ferme l'ennui.

Pauvre patriote, qui s'est dévoué pour aller porter quelque message secret, pauvre soldat au cœur chaud, à la résolution prompte, ta noble conduite toucherait des tigres..., des tigres civils; mais tu vas être jugé par des militaires qui font la guerre systématique. Les Américains avaient usiné la guerre, eux l'ont réglementée. Un émissaire pris doit mourir, parce que s'il n'avait pas été pris il aurait pu nuire. C'est la philosophie d'Hegel qui le dit, c'est la morale de Clozewits qui le prouve. Du reste, celui-là sait son affaire, il a senti la main exercée du policier militaire se porter sur l'endroit où est attaché le message. Soyez certain qu'il mourra bien. Comme son camarade le franc-tireur, il a fait un pacte avec la mort et, pour les braves à cœur de soldat, ces pactes-là ne sont pas des blagues de réunions publiques. On a joué sa vie, on l'a perdue, on la donne — et c'est fini. Voilà la réalité simple, telle qu'elle est, sans phrase; mais elle doit sinon nous consoler de nos pertes, tout au moins témoigner à l'univers que la terre classique des braves, la France, n'est pas tout d'un coup devenue stérile.

Ce qu'il en est mort obscurément, contre un mur de village, de braves gens dont l'histoire ne daigne pas confesser le souvenir, je ne saurais vous le dire. Mais bien que cet état-major allemand affecte une froideur théâtrale dans son examen, à l'attention inquiète des soldats et des habitants, on devine que tout le monde pressent l'issue du drame, pour en avoir vu bien d'autres finir de même.

Nous sommes, nous autres Français, moins cruels, ou peut-être plus imprudents à la !guerre : un émissaire de l'ennemi, même déguisé, n'est jamais considéré comme un espion, à moins que sa mission d'espion ne soit caractérisée par des faits spéciaux; on ne passe pas par les armes de simples porteurs de

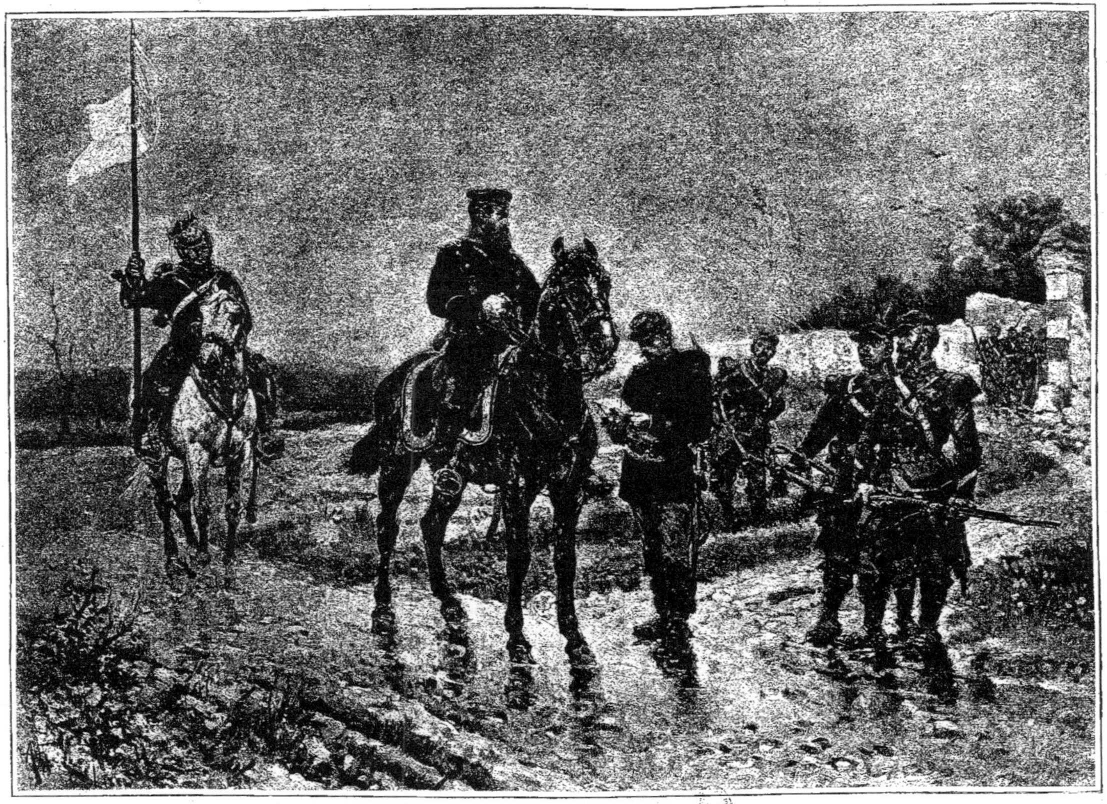

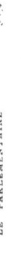

LE PARLEMENTAIRE

dépêches. Mais les Allemands affectaient la prétention de traiter en pays conquis les territoires occupés et ils n'y laissaient subsister qu'une seule autorité, l'autorité municipale, parce qu'ils en avaient besoin pour les réquisitions et les amendes dont ils frappaient les populations.

Neuville s'était si fortement imprégné des douleurs que la France subit pendant la lugubre année de 1870-1871 que les types de nos ennemis étaient restés, dans leur diversité, photographiés au bout de son crayon. Tous ces personnages sont des portraits. Le hussard à lorgnon, qui cause au bas de la rampe, était le commensal de certain banquier francfortois établi à Paris; depuis il a eu ses malheurs en police correctionnelle; le hulan qui se croise les bras est également un ancien commensal des Parisiens. Les Allemands s'étaient assimilé la France avant la campagne, et l'occupaient déjà civilement avant de l'occuper militairement. Ils y avaient été bien accueillis et auraient voulu l'être davantage : lire à ce sujet un ouvrage peu connu : *l'Allemagne aux Tuileries*. On s'étonnerait de toutes les révélations que contient ce volume, si l'on ne rencontrait encore aujourd'hui, sur le pavé de Paris, un journaliste allemand qui, avant 1870, mangeait en même temps des faveurs des Tuileries et sur le fond des reptiles de M. de Bismarck.

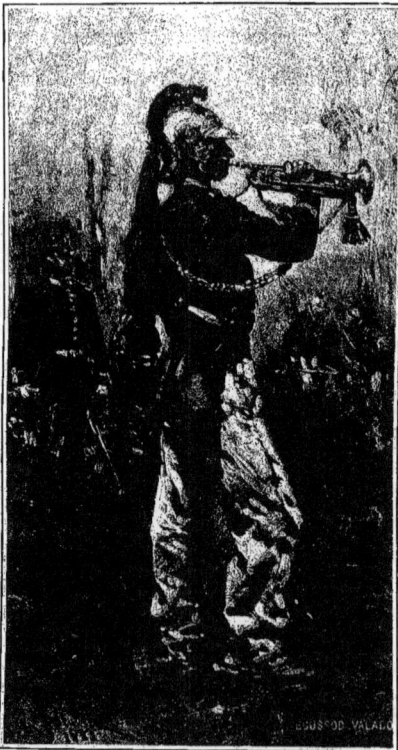

TROMPETTE DE DRAGONS

Regardons pieusement et avec recueillement ces cavaliers allemands coupant un télégraphe sur la côte normande. C'est la dernière œuvre achevée du maître. Après une large esquisse et quelques études, puis rien ; la mort !

Neuville était hanté par l'idée d'illustrer *l'Invasion* de Ludovic Halévy. Ce livre mélancolique et d'une note qui dépasse un peu la vérité, — car, grâce à la magie du style, il a l'air d'être de l'histoire et n'est qu'un roman, l'auteur l'avoue ingénieusement, — avait séduit Neuville au delà du vraisemblable. Sa nature facile à la colère et à l'indignation quand on parlait de la guerre de 1870, avait pris au pied de la lettre le roman d'Halévy. C'était pour lui le livre résumant toute la campagne, et lorsqu'on lui faisait doucement remarquer qu'il manquait un peu de ces haines vigoureuses qui animaient son cœur, il répondait :

« Mais quels beaux sujets de dessins il contient ! »

Et, en effet, des illustrations pleines de haine auraient produit un contraste saisissant avec ces pages

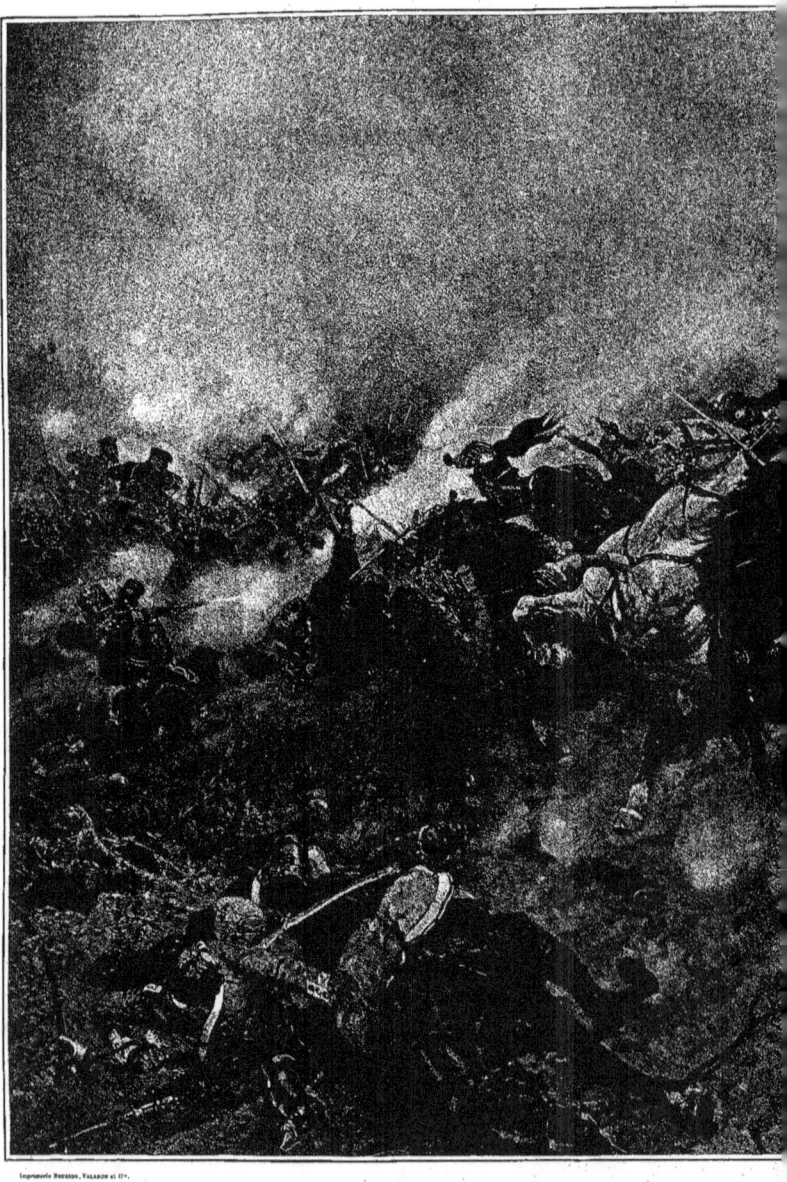

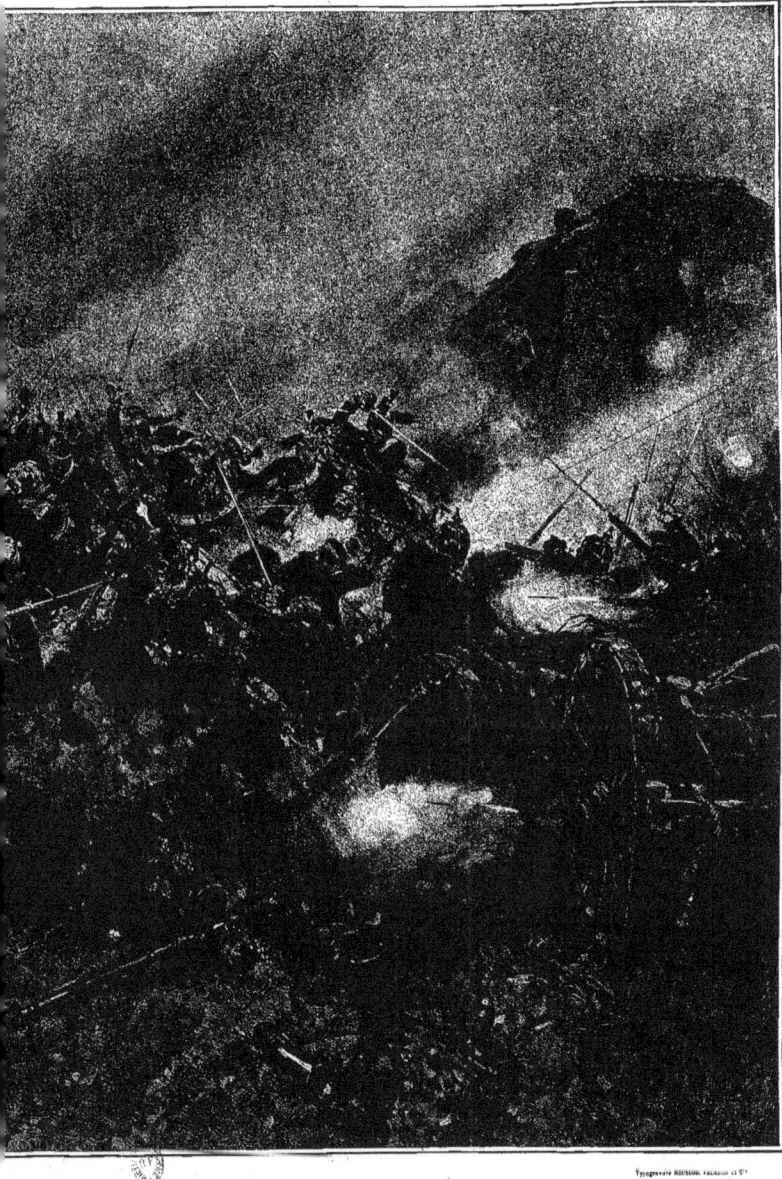

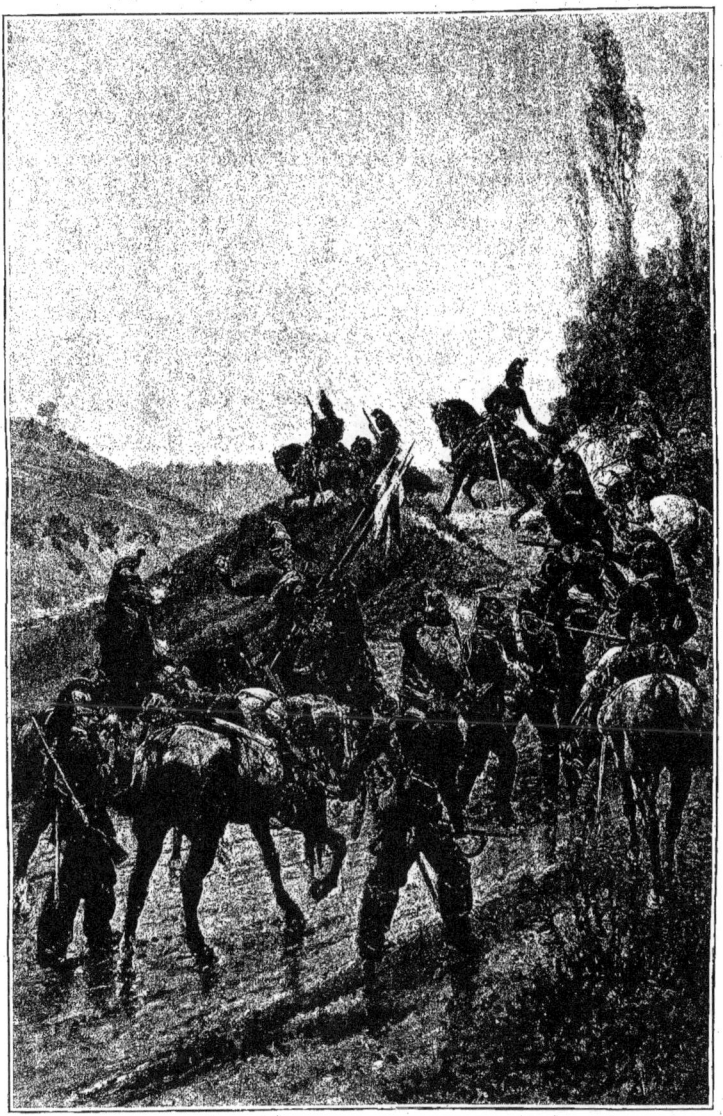

RETOUR D'UNE RECONNAISSANCE

désolées, et de cette collaboration entre la colère vengeresse et la tristesse fatale serait peut-être née une œuvre étrangement puissante.

Le *Parlementaire* nous ramène aux choses de la guerre dans lesquelles notre peintre aimait à se jouer, et qu'il semait de difficultés sans nombre, uniquement pour avoir le plaisir de les vaincre. D'un sujet de croquis il savait faire un tableau des plus intéressants par l'expression toujours juste et nette qu'il donnait à ses personnages. Tous les militaires qui auront — pendant la guerre — assisté à un échange de communications aux avant-postes, s'écrieront devant la toile de Neuville :

« Mais j'y étais ! »

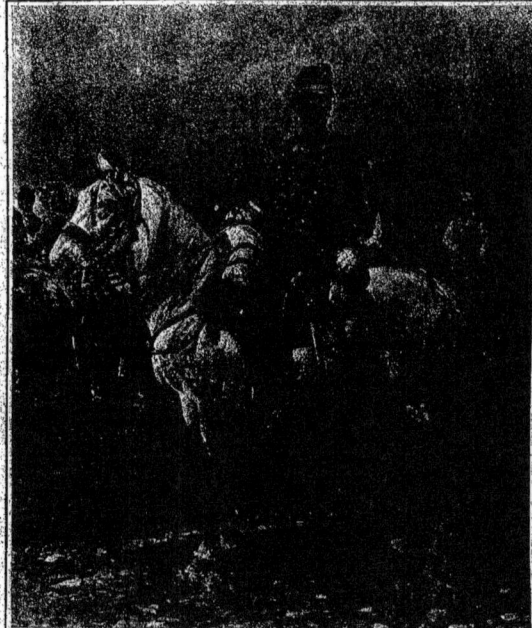

SOUS-OFFICIER DE HUSSARDS.

Ils n'y étaient pas. Mais la scène est tellement complète, les personnages si bien à leur place, l'ensemble est à la fois si naturel et si saisissant, qu'il faut, comme toujours, s'incliner devant le talent du maître. Là il n'est pourtant point porté par le souvenir historique d'un fait important; il n'est point non plus surexcité par une ingénieuse réminiscence; c'est un acte à la fois simple et fréquent de la vie en campagne, mais il lui a donné une grande allure. C'est là où gît la différence entre le métier et l'art.

Les Dragons à Rézonville. — A cent pas de sa belle division, le général Legrand, suivi seulement d'un trompette, d'un capitaine, d'un maréchal des logis et de son aide de camp, s'est précipité sur l'ennemi et, frappé de plusieurs balles, il trouve une mort glorieuse devant sa troupe qu'il a si vaillamment enlevée.

La division Legrand se composait de la brigade Montaigu (3° et 7° hussards), dont le chef, blessé, fut fait prisonnier, et de la brigade de Gondrecourt (2° et 11° dragons).

Ce fut le plus effroyable choc de cavalerie de toute la campagne. Sept autres régiments furent engagés sur ce terrain.

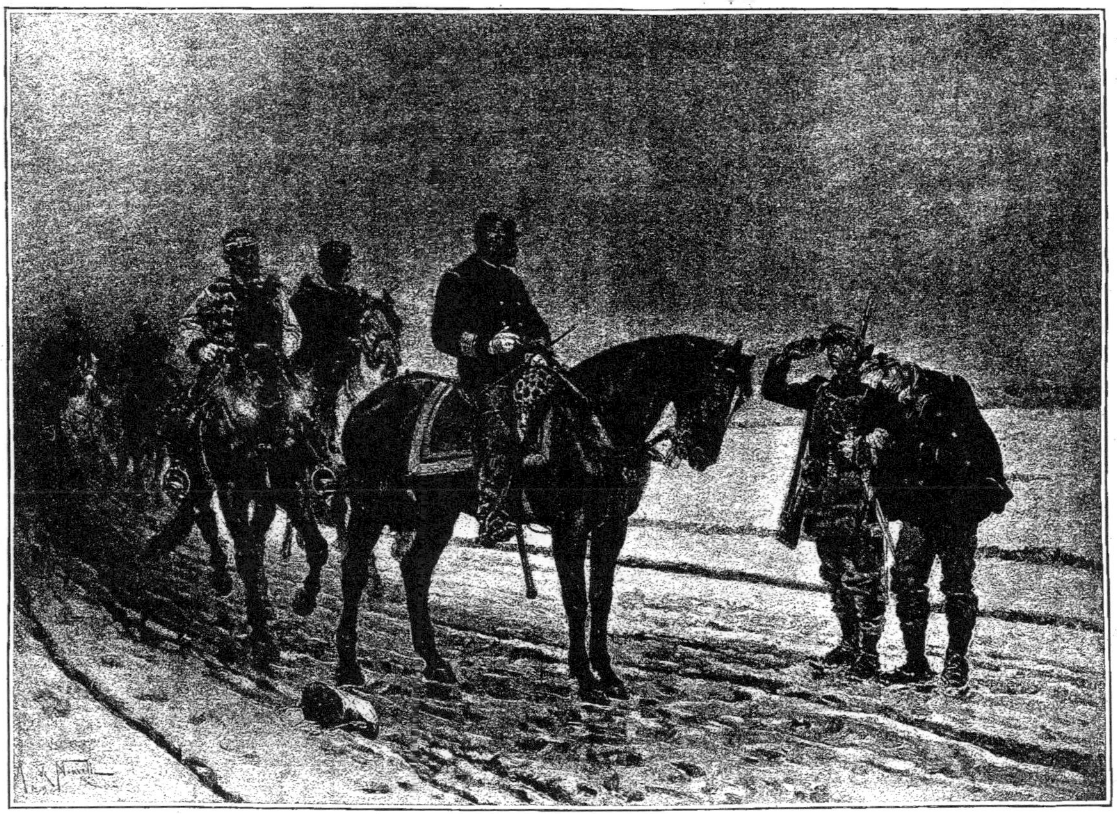

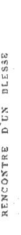

RENCONTRE D'UN BLESSÉ

Hélas! nous n'avons que des relations très écourtées de cette grande lutte. Un philosophe a dit : Les peuples heureux n'ont pas d'histoire. Il paraît que les peuples vaincus sont dans le même cas, car depuis quinze ans tous les ministres de la guerre ont reculé — sauf un — devant la rédaction officielle

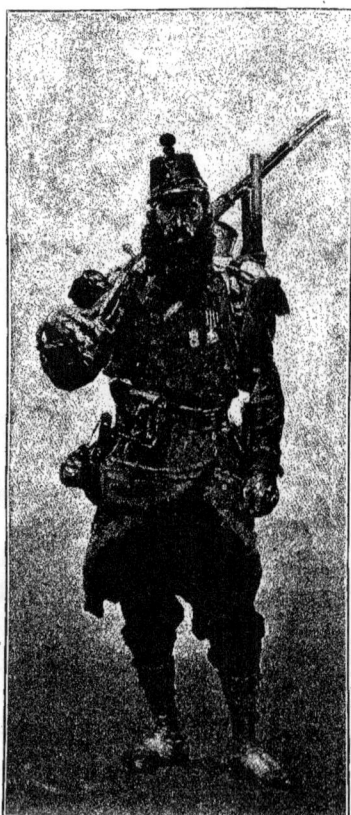

SAPEUR

de la guerre de 1870-1871. Un seul y avait songé sérieusement, il avait même nommé la commission qui devait rassembler tous les documents nécessaires à la confection d'un ouvrage semblable à celui du grand état-major allemand. Mais son successeur s'empressa d'effacer jusqu'à la dernière trace de cette bonne pensée. De telle sorte qu'encore aujourd'hui on ose à peine parler de certains faits de la guerre, car on n'en sait officiellement que la date et le résultat.

Voici d'autres dragons qui ont été heureux dans une reconnaissance. Ils ont enlevé une patrouille prussienne et reviennent joyeux à leur corps d'armée. Allez, ces prisonniers-là ne seront pas très malmenés. Nos hommes n'ont point l'air bien cruel et ne prennent pas la chose au tragique. La suite de la guerre prouvera évidemment qu'ils ont tort. Mais nous avons un singulier caractère en France : la guerre civile nous rend souvent féroces, tandis que la guerre avec l'étranger laisse intactes en nous l'humanité et la jovialité.

Le sapeur qui sépare ces deux brillants officiers, vous le reconnaissez tous. Vous l'avez vu, ce doux soldat à la barbe de lion, vous l'avez vu sur nos promenades conduire les enfants du colonel et jouer avec eux. Il ne s'agit plus pour lui en ce moment de protéger, contre les entreprises de leurs jeunes amis, le ballon du petit Paul ou le cerceau de Mlle Eugénie; il marche en tête du régiment fièrement, résolument, en homme certain de lui-même. Que Neuville l'a bien peint! On dirait un portrait! Dans sa mâle attitude on devine le soldat habitué à coudoyer toutes les grandeurs et tous les honneurs. En effet, c'est à lui qu'incombe la noble mission de renforcer la garde du drapeau si l'on combat en ligne. Si l'on forme les colonnes d'attaque, c'est encore lui qui doit protéger le colonel contre les coups dirigés de trop près. Au besoin, la hache à la main, il ouvrira à ses camarades un chemin difficile; il coupera les arbres pour faire des barricades, il rasera des haies, il enfoncera les portes des maisons. Il sait tout faire, il peut et il veut tout faire. On se demande souvent pourquoi il y a tant de sapeurs décorés et médaillés. C'est parce que, pour avoir les deux haches en croix sur la manche, il faut être d'abord un soldat

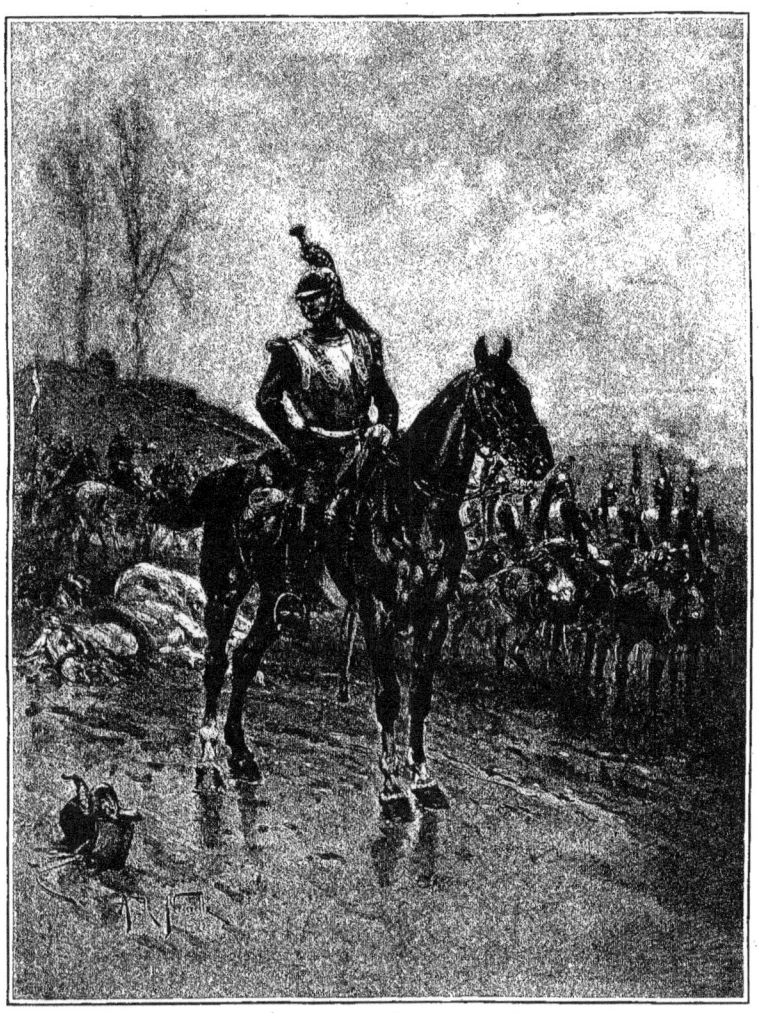

CUIRASSIER

sans peur et sans reproche, et puis aussi, parce que le sapeur est au meilleur rang pour se distinguer.

« A moi mes sapeurs! » s'écrie un colonel lorsqu'il entrevoit quelque besogne difficile, et aussitôt les douze hommes barbus s'élancent. Ils sont douze et ils en valent cent.

On leur a ôté récemment le tablier blanc qu'on leur avait donné en 1784 et qui rappelait le titre de *soldats charpentiers* sous lequel ils furent créés ; je ne saurais dire si l'on a bien fait ; mais ces têtes de régiments avec leur ligne de magnifiques sapeurs coiffés de bonnets à poil et le ventre ceint de buffle d'une éblouissante blancheur, ces tambours-majors empanachés retroussant leurs moustaches en crocs, n'étaient pas de vaines splendeurs et avaient leur utilité. Jamais on n'avait vu un sapeur bouder au feu ; jamais un tambour-major n'avait reculé d'un pas. Ils savaient que panache oblige et demeuraient aussi calmes au premier rang du feu qu'à la parade. Rien de ce qui élève l'homme au-dessus de lui-même n'est inutile à la guerre, et la double hache fait des héros, comme le ruban rouge. Être sapeur est une ambition légitime quand on a de la barbe et du cœur.

Triste! triste! le pauvre officier, tordu, foudroyé par la douleur, que ramène son brosseur en arrière des lignes. Il n'a plus le sentiment de lui-même, il va mourir ; il est mort. Que dit le général? que répond le moblot? que pensent les officiers d'ordonnance? — peu importe ; on ne peut détacher les yeux de la figure de ce jeune sous-lieutenant de la mobile. L'œuvre bête de la bataille, c'est qu'elle prend les jeunes comme les vieux et toujours les bons. Ah! si toutes les bonnes volontés avaient été dirigées par une volonté intelligente, nous n'aurions pas été si lourdement vaincus, et bien de ces têtes jeunes, de ces cœurs chauds que nous chérissions, seraient encore là, — ou bien, si nous avions à les pleurer, nous aurions au moins la consolation de savoir que leur mort n'a pas été inutile au pays.

Je ne sais point si Neuville a voulu, dans cette toile, exprimer des sentiments semblables, mais elle les inspire naturellement.

« Qu'allais-tu faire là, jeune homme, loin de ta mère et de ta fiancée?
— J'allais défendre la patrie et mourir pour elle!
— Et que faisaient pendant ce temps ceux qui t'avaient appelé?
— Ils se conservaient soigneusement pour l'avenir. »

Pauvres jeunes hommes de France, qui sont morts comme toi pour la patrie, que le cercueil leur soit léger comme le cœur de ceux qui les ont conduits à cette guerre, comme le génie militaire de ceux qui l'ont dirigée du premier au dernier jour.

Le *Bourget!* quelle lugubre histoire. Malgré tout ce qu'on a écrit sur la prise du Bourget par les francs-tireurs de la Presse, les mobiles et quelques hommes de l'ex-garde impériale et sa reprise par les Allemands, le public ne sait pas encore toute la vérité sur cet épisode du siège de Paris. Les événements politiques du 31 octobre, le plébiscite qui les suivit et le voyage de M. Thiers à Paris permirent de couvrir de mystère une action de guerre des plus honorables pour ceux qui y prirent une part directe et fort douteuse pour les chefs de la défense.

Le tableau de Neuville représente le moment où tout est terminé pour nous. La garde prussienne vient d'arracher le village à ses derniers défenseurs. Huit officiers français et une vingtaine d'hommes appartenant aux corps nommés tout à l'heure n'ont pas voulu se rendre. Retranchés dans l'église, ils se sont défendus jusqu'à la dernière extrémité, et il avait fallu les fusiller par les fenêtres et amener du canon pour les forcer à se rendre. L'officier que l'on rapporte blessé sous le porche est le lieutenant Grisey des grenadiers de l'ex-garde (128ᵉ de marche). Les deux officiers prisonniers, qu'on voit désarmés au premier rang à droite, sont MM. Brasseur, chef de bataillon aux voltigeurs (128ᵉ de marche) et le capitaine O'Zou de Verrie, des mobiles de la Seine.

Dans son *Histoire de la Défense de Paris*, le général Ducrot — d'habitude si scrupuleux dans l'énumération de nos pertes, ne donne point la liste des tués, blessés et prisonniers des mobiles de la Seine ; il se contente de dire que ce corps perdit cinq cents hommes. Le 128ᵉ de marche avait perdu 557 hommes, dont 14 officiers : outre les trois nommés plus haut, cinq capitaines : MM. Fournier, Verluythen, Jauge,

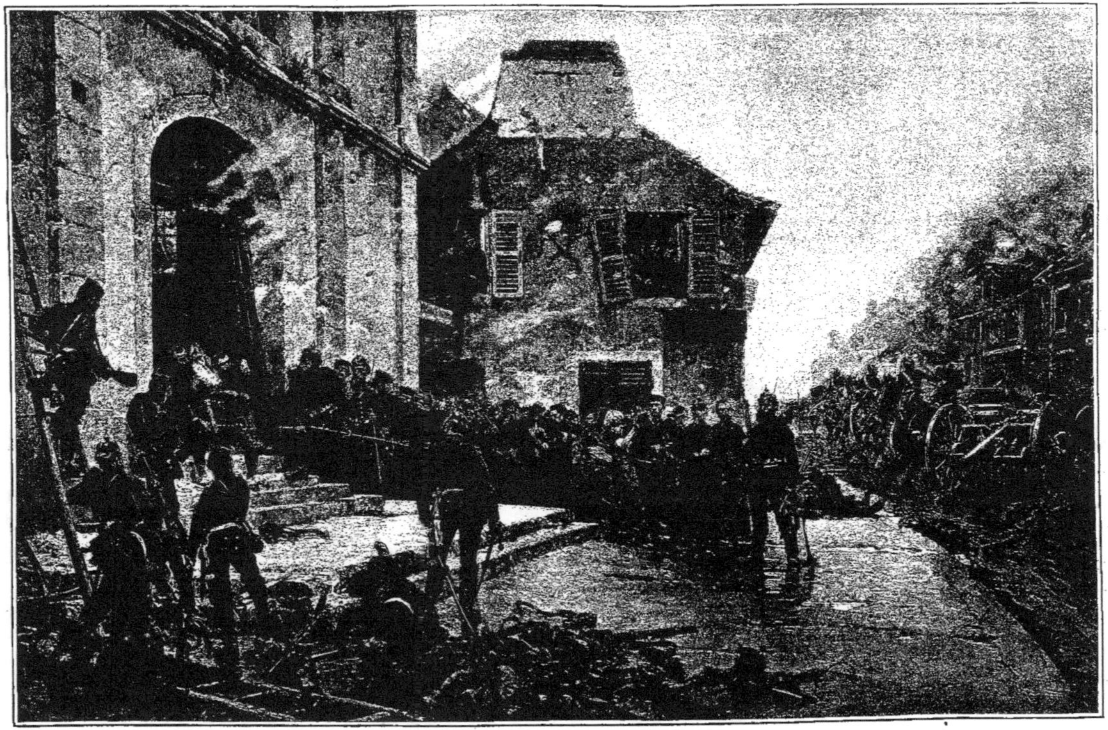

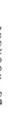

LE BOURGET

Mongeotet, Grandinot; quatre lieutenants : MM. Laffitte, Corta, Lemercier, Marchand, et trois sous-lieutenants : MM. Moussier, Magnin et Vallet.

Ernest Baroche, chef de bataillon de la mobile, se fit tuer pour ne pas reculer et ne pas se rendre.

Depuis un monument a été élevé aux victimes du *Bourget*, — mais le tableau de Neuville est encore le meilleur souvenir qui leur ait été consacré. Ce tableau eut le sort de *Montbéliard à Strasbourg*, il fut écarté de l'exposition universelle comme pouvant blesser les susceptibilités allemandes.

L'œuvre de Neuville, qui a déjà été popularisé par des reproductions de toutes sortes, éparpillé dans mille journaux illustrés, et conservé sous les cent mille cadres des amateurs de gravure, gagnera certainement a avoir été réuni dans cet album. Tous ses tableaux, tous ses dessins se relient, depuis 1871, dans une idée commune. On dirait qu'ils sont les scènes d'une grande et sombre tragédie. Je ne crois pas que dans l'histoire de l'art, il existe une série de peintures, n'ayant pas été exécutées d'ensemble, qui se joignent plus exactement que celles de Neuville. Et, si dans ces courtes notices, j'ai fait sonner bien plus haut son patriotisme que son superbe talent, c'est que l'un, à mon avis, n'aurait pas marché sans l'autre. Ils ne faisaient qu'un. Aussi j'ai regretté que les besoins de la mise en pages aient empêché de donner un ordre méthodique aux excellentes reproductions de ses œuvres admirables. Elles auraient pu former l'histoire de certains côtés de la guerre de 1870-1871; Neuville a été à la fois le *flagelleur* de la cruauté allemande et le poète épique du courage et de la patience des officiers et des soldats français. Dans l'immense faillite de nos institutions et de nos traditions militaires, il a sauvé tout ce qu'il était possible de sauver et, en même temps, il a su reprocher à notre ennemi tout ce qui enlevait du prestige à sa victoire.

Aussi parlera-t-on de lui longtemps, car il est entré profondément dans le cœur de tous ceux qui aiment et respectent leur patrie malheureuse, la France, cette noble vaincue.

JULES RICHARD.

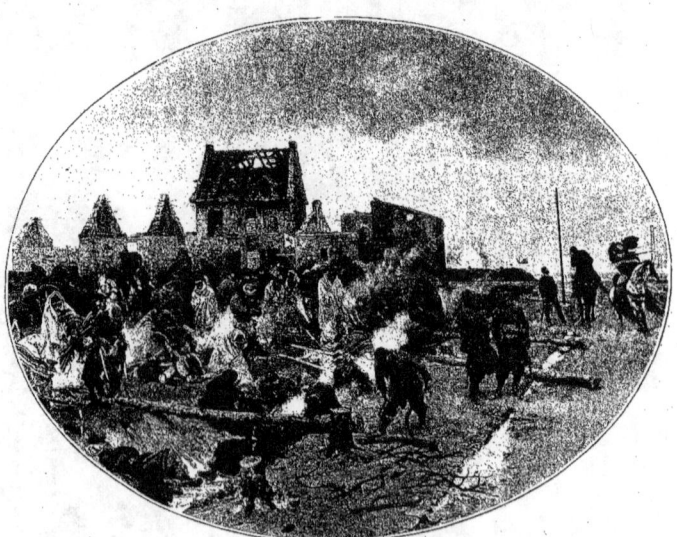

BIVOUAC DEVANT LE BOURGET

TABLE DES GRAVURES

Portrait de A. de Neuville, par MATHEY	1	Cuirassier allemand	41
Dans la tranchée	3	Tirailleur	42
La Cantine	3	Un déserteur	43
Chasseur à pied	4	Cuirassier	44
Le départ du bataillon	5	Hussard	45
Un renseignement	6	Prisonniers allemands (Étude)	46
Chasseur à pied (clairon)	7	Surprise d'une maison	47
Défense de la porte de Longboyau	10-11	En observation	48
Officier de Dragons	13	Le cimetière de Saint-Privat	50-51
Pièce en danger	14	En route	53
« Halte! »	15	Les dernières cartouches	55
Attaque d'une maison par le feu	17	Les ôtages	57
Zouave	18	Embuscade	58
Turco	19	Artilleur	59
Passage d'un gué	20	Éclaireurs d'avant-garde	60
Combat dans une église	21	Capture difficile	61
Une Sentinelle	22	Officier prussien	62
Hussards	23	Le porteur de dépêches	63
Officier de Dragons	24	Trompette de Dragons	64
Défense d'un château	25	Destruction d'un télégraphe	65
Combat sur les toits	27	Le parlementaire	67
L'observatoire	28	Trompette de Dragons	68
Concert aux avant-postes	30-31	Charge de Dragons à Gravelotte	70-71
Le mot d'ordre	33	Retour d'une reconnaissance	73
Combat sur une voie ferrée	35	Sous-officier de Hussards	74
Hussard	36	Rencontre d'un blessé	75
Voltigeur de la garde	37	Sapeur	76
En campagne	38	Cuirassier	77
Prisonniers allemands dans une église	39	Le Bourget	79
Commandant de Chasseurs à pied	40	Bivouac devant le Bourget	80

EN CAMPAGNE

a été imprimé

PAR

A. LAHURE

avec les encres de

CH. LORILLEUX ET Cⁱᵉ

et les typogravures

BOUSSOD, VALADON ET Cⁱᵉ

Procédé Manzi

www.ingramcontent.com/pod-product-compliance
Lightning Source LLC
Chambersburg PA
CBHW070311230526

45470CB00002B/820